活出自由
课程手册

活出自由课程手册
第二版，2011年7月
版权©2011 李齐思

1、不得改编；

2、不得复制，除非获得梧桐树出版公司（Sycamore Publications）的书面许可；

3、可以通过梧桐树出版公司购买本书。

如何有效地使用本书：

代表梧桐树出版公司的全体员工，我们祈祷这本资料可以大大的祝福你、你的家人以及你教会的肢体。我们希望你可以在上帝的带领下灵活地与你的朋友和你所爱的人分享这些圣经原则。然而，我们必须要求在你的教会肢体中有可靠的属灵权威来监督这本材料的使用。这本书应当在有讲员带领的课堂环境中使用；也就是说，这不是一本可以随意单独阅读的教材。另外，我们要求：如果未经许可，切勿复印。我们提供印刷许可证备索。谢谢。

出版商：梧桐树出版公司
P.O. Box 158
Gig Harbor, WA 98335

订购网址：www.sycamorecommission.org
电子邮件：info@sycamorecommission.org

ISBN 978-0-9828756-3-6

编辑：Arlyn Lawrence, Gig Harbor, WA
设计：Brianna Showalter, Ruston, WA
图书包装：Scribe Book Company, Lawton, OK
Bookmasters, Inc., Ashland, OH在美国印刷

Published by: Sycpub Global, LLC
www.livingsetfree.store
P.O. Box 158
Gig Harbor, WA 98335
USA
Email: info@sycamorecommission.org

ISBN: 979-8-9929987-5-7

目录

致谢

完成过一些写作任务之后，我深信出版物中的致谢页一定是一本书中最为重要的部分。读者需要知道：像这样一本手册并不仅仅只是一部集合了客观真理的印刷品。它表述了一群人在生命的语境中发现并习得的功课——在此情况下，随着本书及其内容在全世界得到不断地传播，这群人的规模会成长的越来越大。最起码，这是一段奇妙的旅程。

在此过程中，有许多个人和教会一直在与我们一同分享。他们中的一些人在学习过程中与我们一起成为开拓的先锋。有些领袖和家庭教会运用这些真理经过多年的牧养之后给予我们有益的反馈。

在众多需要致谢的对象当中，我要特别向那些在峥嵘岁月里建立起我们家庭教会的人们道谢——你们知道我指的是谁。正是在那段段岁月里，我们开始学习并且运用这些真理。感谢你们的忍耐！感谢你们的受教！感谢你们的信心！你们的耕耘为上帝的国度结出许多果子，这些果子远远多过我们最初可以想到的。

我还要特别感谢新希望教会（New Hope Church）的Joe Rhodes，富尔汉姆基督教会（Christchurch Fulham）的Stuart Lee，肯辛顿圣巴纳巴斯（St. Barnabas Kensington）的Tim Humphrey以及温彻斯特葡萄园（Winchester Vineyard）的Huhg Cryer和Ginny Cryer夫妇。你们的谈话和建议极为有益。

Arlyn Lawrence，你对这个项目投入了极大的精力。我知道你的心委身于这些融入生命的真理，你的心在激励着你。这些真理在你的生命和家庭中释放出改变的能力，这能力是你切身体验过的。在这个项目的各个方面你都做出了巨大贡献并且像钟表匠一样对最终的作品精雕细琢。谢谢你将你的心奉献给这个项目，谢谢你的属灵恩赐，谢谢你的技能！

祝福大家！

李齐思（Mike Riches）

引言

在你里面有另一个你。隐藏在你内心深处那个人的品格是你曾经极力向往甚至试图超越的。这个人是无畏的，可以越过生命中的每个风暴。这个人是有怜悯的，可以爱所有的人——无论是心灵破碎之人还是傲慢无礼之人甚至是粗野笨拙之人。这个人充满了喜乐，将生机与盼望带入到他所经历的任何处境之中。这位言说真理的人明白，在这个需要方向的世界里，必须有人勇敢地指明道路。

住在你的里面的这个人才是你——真正的你，这个你才是上帝（你的创造主）创造的那个你。这个人就是你在心中迫切期望成为的人。然而，因为我们活在罪的世界中——一个充满了伤痛、拒绝、遗弃、暴力、不公、虐待、失望和恐吓的世界——这个神创造你成为的人已经妥协、屈服了。面对诸如恐惧、沮丧、愤怒以及忧伤的压迫，你已经成为俘虏。但是耶稣已经来释放你，使你脱离那些囚禁你的事情。祂的自由已经来释放你，使你得到一个充满喜乐、怜悯、爱和鼓励的生命——一种经历神的同在和能力的生命。

"自由"是耶稣基督的生命和信息的核心，也是祂门徒们的使命。这也正是这门课程所要探讨的，以便帮助你辨别在哪些方面你是活在捆绑和奴役之中（而非活在自由与盼望之中），及其成因与方式。借着基督的能力，你可以打破那些捆绑，来活在耶稣为你所买赎的自由之中。耶稣说："你们必晓得真理，真理必叫你们得以自由。……所以天父的儿子若叫你们自由，你们就真自由了。"（约8:32，36）使徒保罗重申："基督释放了我们，叫我们得以自由。"（加 5:1）

"自由"是这门课程的议题。但是不要把它仅仅当作一个课程，把它当作生命的经历。如果你全然顺服圣经的真理，你会发现它将使你获得谋求终生自由的技能以及属灵的武器。那么，让我们开始探索吧！

> "自由"是耶稣基督生命和信息的核心，也是祂门徒们的使命。

5

第一部分
有目的的受造

笔记：

上帝的原始设计

上帝的原始设计是，我们可以在完美的合一与团契中永远与祂同在——没有悲伤、没有痛苦、没有伤害、没有疾病。祂为我们规划的生活里没有紧张的关系、没有心痛，既无悲伤也无空虚。相反，我们受造是要充实、完整，满有喜乐与平安。上帝创造了人类与祂同住。

上帝创造我们是为了与祂建立爱的关系

创2:15 (和合本，以下同)
耶和华神将那人安置在伊甸园，使他修理看守。

上帝创造我们与祂一起住在伊甸园里。为了这样的关系，祂创造了人类、创造了我们每一个人，让我们同宇宙的主宰住在一起。在伊甸园中，人与上帝有着合一、亲密的关系。上帝可以将祂无尽的爱倾倒在亚当和夏娃身上。

读一读下面的经文并体会上帝对人类——对我们每一个人——的大爱。

赛 54:10
"大山可以挪开，小山可以迁移；但我的慈爱必不离开你，我平安的约也不迁移。"这是怜恤你的耶和华说的。

番3:17

耶和华你的神是施行拯救、大有能力的主！祂在你中间必因你欢欣喜乐，默默爱你，且因你喜乐而欢呼。

我们每个人受造都是出于这样的目的——爱神并蒙神所爱，活出祂创造我们的目的和旨意，被人所爱也爱他人，在生命中没有羞愧也不被定罪。

上帝为了一个目的创造了我们

创2:15

耶和华神将那人安置在伊甸园，使他修理看守。

让我们再来看创2:15，我们也可以看到上帝对亚当有一个旨意或者目的：他要修理并且看守伊甸园。上帝赋予亚当责任和权柄来照管好这个园子（可推论为人类要照管好全世界）。贯穿整本《圣经》，当中出现许多上帝对特定个人提出旨意和目的的例子。

上帝创造我们，要我们活出自由

创2:25

当时夫妻二人赤身露体，并不羞耻。

人类受造并非为了活在羞耻与非难之中。最初，世界上既无劳苦重担也无压迫。没有人体验到羞耻；也没有人因关系破裂而受伤害；更没有挫败与对立。人享有自由，并且可以在以下方面体验到它……

- 无限无私的爱
- 与上帝的亲密
- 光
- 健全
- 喜乐
- 平安
- 重要性
- 目标
- 安全感
- 权柄
- 价值
- 生命

我们活在上帝对我们生命的原始设计之中吗？

如果我们切实地观察自己的生活以及周遭的世界，便会看到这个世界出了问题，它无法反映出上帝的原始设计。从个人、家庭、社群、国家以及世界的层面，我们看到死亡、谋杀、战争和各种灾难，一幅充斥着虐待、忽视以及伤害的景象。生命中充满了悲哀、忧伤、空虚、徒劳无功乃至恐惧。

我们受造是要充实、完整，满有喜乐与平安。上帝创造了人类与祂同住。

人类本应当在爱和真理的根基上成长。当这些根基在某些方面缺失或者扭曲时，便会产生各种偏离上帝的爱和真理的行为或"姿态"。它们能够建立起抵制的壁垒，羁绊我们的人格，让我们主动地抗拒那本可以使我们得以自由的真理。这也使我们无法活在上帝起初对我们生命的设计与目的之中。

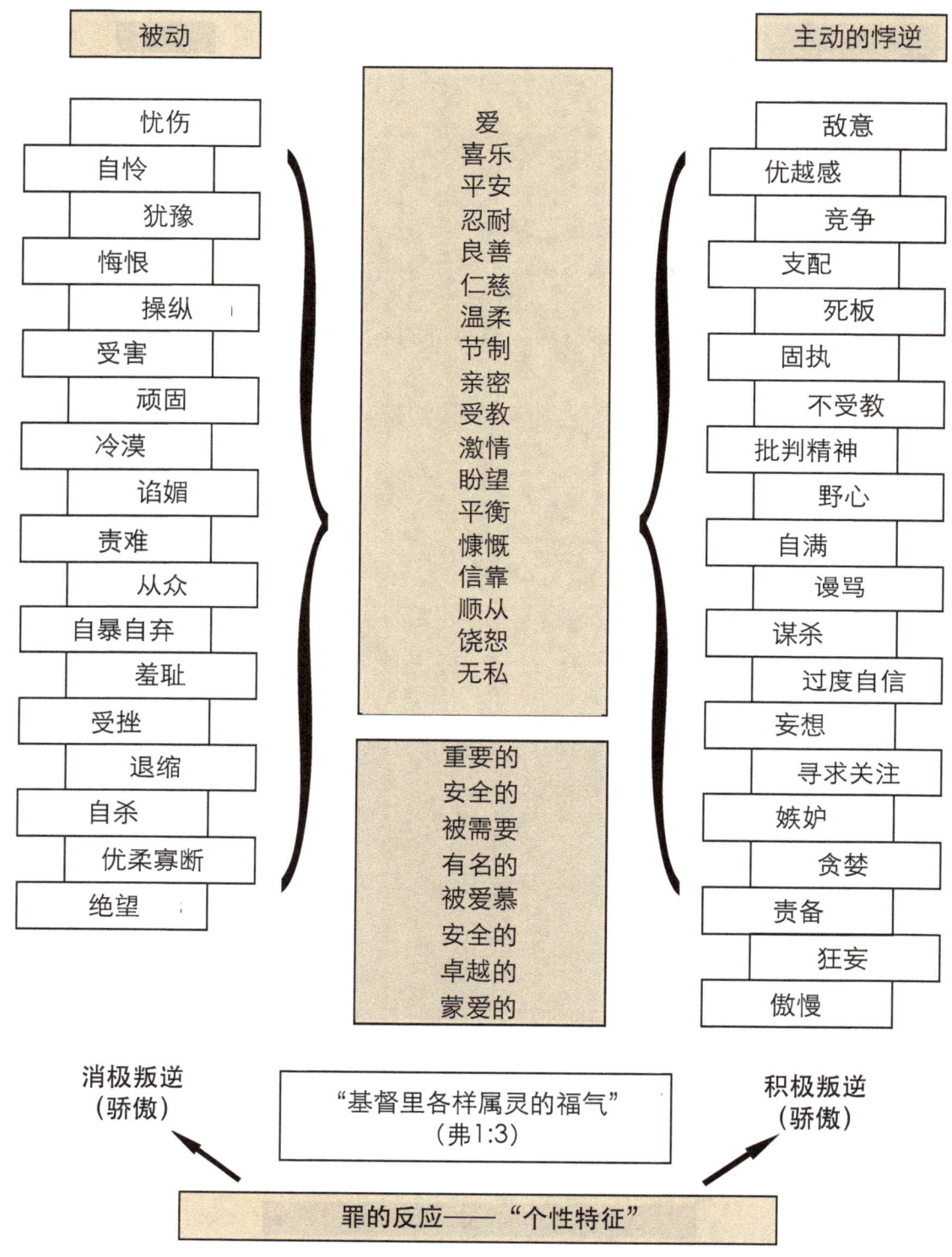

被动

忧伤
自怜
犹豫
悔恨
操纵
受害
顽固
冷漠
谄媚
责难
从众
自暴自弃
羞耻
受挫
退缩
自杀
优柔寡断
绝望

爱
喜乐
平安
忍耐
良善
仁慈
温柔
节制
亲密
受教
激情
盼望
平衡
慷慨
信靠
顺从
饶恕
无私

重要的
安全的
被需要
有名的
被爱慕
安全的
卓越的
蒙爱的

主动的悖逆

敌意
优越感
竞争
支配
死板
固执
不受教
批判精神
野心
自满
谩骂
谋杀
过度自信
妄想
寻求关注
嫉妒
贪婪
责备
狂妄
傲慢

消极叛逆
（骄傲）

"基督里各样属灵的福气"
（弗1:3）

积极叛逆
（骄傲）

罪的反应——"个性特征"

8

如果我们诚实，我们可能会说在我们的生活中、我们的社区中、我们的文化以及我们的世界中有些东西出了问题。多数人会承认我们生活在各样的束缚当中——来自于过去、来自于恐惧、来自于处境的束缚。是什么出了问题？上帝的原始设计怎么了？

为什么我们没有活在上帝的原始设计之中？

出错了！　创 3:1-13

针对人类：
亚当不顺服上帝。这种不顺服致使亚当失去了长子的名分——失去了活在上帝的原始设计之中的权利。这不仅对亚当产生了巨大的影响，同样也对亚当之后的每个世代中的每一个人都产生了巨大的影响。

罗 5:12
这就如罪是从一人入了世界，死又是从罪来的，于是死就临到众人，因为众人都犯了罪。

当我们读罗5:12时，可以看到我们每一个人都遗传了罪性，导致犯罪，使我们无法活在上帝的原始设计之中。

· 骄傲	· 分争	· 傲慢
· 仇恨	· 背叛	· 悖逆
· 反叛	· 欺骗	· 谎言
· 贪婪	· 死亡	· 谋杀

针对受造物：
对于我们来自属世文化的很多人（如果不是大多数），通常很难理解人类与受造物之间形而上的以及道德上的联系。实际上当亚当犯了罪，受到咒诅的不仅仅是人（"亚当"的意思是人、人类，译者注）——所有的人以及所有的人类文化——而且受造物本身也落入了亚当之罪的咒诅之中。

罗 8:19-22
受造之物切望等候神的众子显出来。因为受造之物服在虚空之下，不是自己愿意，乃是因那叫他如此的。但受造之物仍然指望脱离败坏的辖制，得享神儿女自由的荣耀（注："享"原文作"入"）。我们知道一切受造之物一同叹息、劳苦，直到如今。

《创世纪》列出了这个罪和不顺服上帝所带来的后果：

与上帝隔绝

我们每一个人都与上帝隔绝了。赛59:2告诉我们："但你们的罪孽使你们与神隔绝。你们的罪恶使他掩面不听你们。"我们需要为我们所犯的罪付上代价，而这代价乃是死亡。死亡可以以不同的维度呈现，但是最根本地，死亡使我们与上帝相隔绝，无法再享受与祂之间美好的关系。

创 3:23
耶和华神便打发他出伊甸园去，耕种他所自出之土。

《圣经》告诉我们在上帝的同在中有完全的喜乐。我们的罪却使我们与这喜乐和同在相隔绝。

《圣经》告诉我们在上帝的同在中有完全的喜乐。我们的罪却使我们与这喜乐和同在相隔绝。

在撒旦之上的权柄被让度

上帝创造亚当（人）来治理全地（创1:28）。祂按着自己的形象创造了人，并赋予他权柄——这权柄甚至超过耶稣的全部权柄。撒旦此时也在亚当的权柄之下。撒旦欺骗亚当，引诱他认同自己并且顺从它来反对上帝。既这样做了，亚当便将管理人类以及这个世界的权柄交在了撒旦的手上。

诗 8:4-6
便说，人算什么，你竟顾念他？世人算什么，你竟眷顾他？你叫他比天使（注：或作"神"）微小一点，并赐他荣耀尊贵为冠冕。你派他管理你手所造的，使万物，就是一切的牛羊、田野的兽、空中的鸟、海里的鱼，凡经行海道的，都服在他的脚下。

约12:31
现在这世界受审判，这世界的王要被赶出去。

没有目标

在《创世纪》第二章中，我们看到上帝指派亚当管理照料祂所创造的一切。可是现在，亚当的生命似乎没有目标、没有意义——从尘土而出的仍要归于尘土。他被上帝咒诅，辛苦作工却是徒劳。

创 3:19

你必汗流满面才得糊口，直到你归了土，因为你是从土而出的。你本是尘土，仍要归于尘土。

个人关系受损

上帝对人类关系的设计是要让他们在彼此的关系中享受生命的美好。然而，男人和女人之间却产生争论——丈夫和妻子相互争夺控制权并且无休止地指责彼此。兄弟姐妹之间也总是吵闹争斗。

创 3:12

那人说："你所赐给我、与我同居的女人，她把那树上的果子给我，我就吃了。"

创 3:16

又对女人说："我必多多加增你怀胎的苦楚，你生产儿女必多受苦楚。你必恋慕你丈夫，你丈夫必管辖你。"

创 4:8

该隐与他兄弟亚伯说话，二人正在田间，该隐起来打他兄弟亚伯，把他杀了。

受到束缚

创 3:8-10

天起了凉风，耶和华神在园中行走。那人和他妻子听见神的声音，就藏在园里的树木中，躲避耶和华神的面。耶和华神呼唤那人，对他说："你在哪里？"他说："我在园中听见你的声音，我就害怕，因为我赤身露体，我便藏了。"

亚当和夏娃因为害怕而躲避上帝。我们已经开始看到罪的后果。恐惧和羞耻进入到亚当的生命之中，他远离躲避上帝。

在创3:16-18中，我们也开始看到伤痛与苦难的画面。我们开始看见人类关系之间以及个人生活之中的苦难。比如，上帝的计划中原本并不包含生产儿女时要受的苦楚，也不包含为得糊口必须汗流满面地辛苦劳作。

上帝对人类关系的设计是要让他们在彼此的关系中享受生命的美好。

11

笔记：_____

丧失了丰富的生机与健康

上帝的国度充满了丰富的活力、生机与健康。病痛疾患乃至死亡只属于撒旦的国度。《创世纪》第四章中写满了死亡与谋杀，这些都是罪的恶果。本来不应该是这样的。上帝并没有计划让生命中充满伤痛与苦难、心碎及忧伤、疾病和死亡。

创 3:16
又对女人说："我必多多加增你怀胎的苦楚，你生产儿女必多受苦楚。你必恋慕你丈夫，你丈夫必管辖你。"

我们如何获得自由？

人们发现自己处在因亚当的罪所导致的堕落状态之中，那么我们该如何走出这种状态并且进入到上帝希望我们得到的自由中去呢？有什么特殊的咒语吗？不断地重复祈求吗？需要刻苦修行吗？可悲的是，许多宗教体系正是通过这些做法试图寻求属灵的自由，然而事实却是自由乃始于一个人，这人便是耶稣基督。

纵览整部《新约》，我们看到只有通过耶稣基督我们才能修复与天父的关系。只有仰赖祂，透过上帝的大能与慈爱，我们才可以体验到生命中真正的自由——上帝救赎我们的自由。上帝用祂独生爱子的宝血为此付上了极大的代价：

弗1:7
我们藉这爱子的血得蒙救赎，过犯得以赦免，乃是照他丰富的恩典。

我们失丧了，上帝赋予我们的目标也被丢弃了。但这不是上帝的心意。上帝希望祂创造的人类可以归回祂的原始设计当中。

上帝差遣耶稣救赎我们得自由

上帝已经为人类提供了方法，可以使我们得回失去的一切。上帝差遣祂的独生爱子耶稣基督来到世上，耶稣为我们的罪受死并且带领我们回到与上帝的关系之中。

好消息：耶稣如此深爱我们，祂为我们的罪受死。

约3:16
神爱世人，甚至将他的独生子赐给他们，叫一切信他的，不至灭亡，反得永生。

约10:10
盗贼来，无非要偷窃、杀害、毁坏；我来了，是要羊（注：或作"人"）得生命，并且得的更丰盛。

我们需要接受耶稣基督作我们生命的主和救主

虽然上帝已经为我们成就了获得救恩所需的全部工作，但是人类自身也必须扮演一个非常重要的角色。我们必须参与到这个过程中，接受永生并且相信借着重生我们得到这个新生命。只有这样，我们才能够开始在自由中行走。

约1:12-13
凡接待他的，就是信他名的人，他就赐他们权柄，作神的儿女。这等人不是从血气生的，不是从情欲生的，也不是从人意生的，乃是从神生的。

救恩使生命的恢复得以完全

耶稣的使命有何目的？

路 19:10
人子来，为要寻找、拯救失丧的人。

当我们接受耶稣基督作我们生命的主和救主之时，我们得到救赎；我们"得救了"。但是这意味着什么？

当我们查考希腊词sozo（在路19:10中被译为"拯救"）的各种形式时，对于救恩我们可以得到一幅更完整的画面。这个词传递了对于救恩更为广泛的理解，即恢复、医治、完全。这些解释可以帮助我们理解耶稣在施行救恩之时的心思意念：

1. 恢复我们与上帝的关系

罗10:9
你若口里认耶稣为主，心里信神叫他从死里复活，就必得救。

我们与造物主重新联合并且得到在永生中与祂同在的机会。我们的罪债已经被赦免。我们在耶稣基督里得以完全并且恢复与上帝之间的亲密关系。

2. 恢复我们的目标

弗2:10
我们原是他的工作，在基督耶稣里造成的，为要叫我们行善，就是神所预备叫我们行的。

希腊词SOZO（在路19:10中被译为"拯救"）传递了对于救恩更为广泛的理解，即恢复、医治、完全。

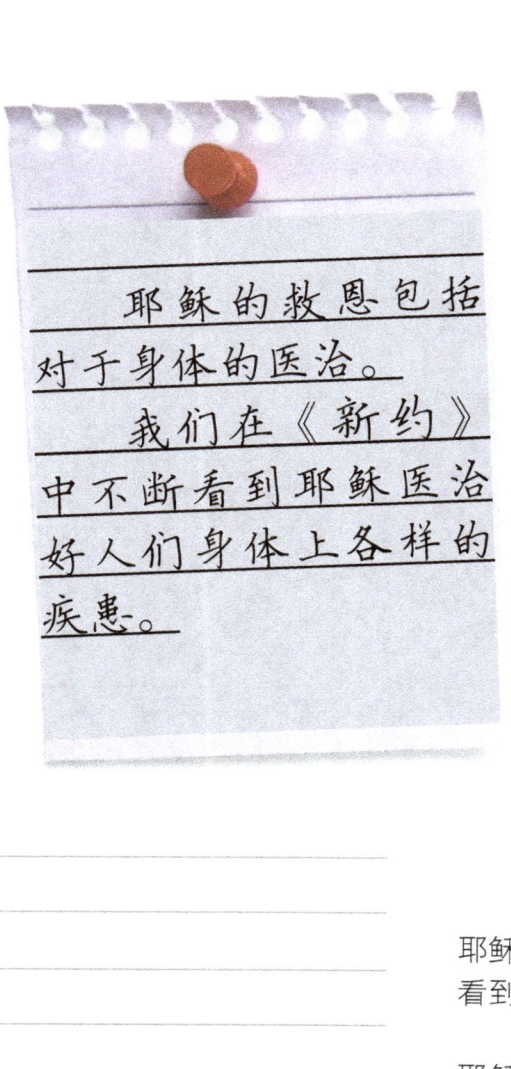

耶稣的救恩包括对于身体的医治。

我们在《新约》中不断看到耶稣医治好人们身体上各样的疾患。

我们的目标也被恢复了；我们开始看到祂为着伟大的使命呼召我们每一个人。正如亚当一样，上帝创造我们每一个人都是有目的的。凭着祂的大能与救赎，我们有机会重新加入到祂的计划中去。

3. 从属灵或恶魔的折磨中恢复

路 8:36
看见这事的便将被鬼附着的人怎么得救告诉他们。

耶稣医治仇敌在我们生命中的工作。祂救我们脱离出我们目前可能正在经受的压制。凭着祂的大能，我们可以逃离罪带给我们的束缚。过去的经历和伤害带给我们的（负面）情绪、心思和意念，祂统统医治并且带领我们走向自由的生命！

4. 重建我们的身体

可 10:52
耶稣说："你去吧，你的信救了你了。"瞎子立刻看

耶稣的救恩包括对于身体的医治。我们在《新约》中不断看到耶稣医治好人们身体上各样的疾患。

耶稣救赎的目的在于重塑完全的人——灵、魂、体皆健全！

救赎是即时的也是持续的

来 10:14
因为他一次献祭，便叫那得以成圣的人永远完全。

1. 认识救恩的应许

《圣经》上的救恩应许将我们从罪的刑罚、罪的权势以及我们生命里隐而未现的罪当中拯救出来。

上帝眼中的你即是今天新造的！

林后 5:17
若有人在基督里，他就是新造的人，旧事已过，都变成新的了。

2. 要认识到某一点上的救赎已经完成了；实际上，救赎是持续性的工作。

耶稣基督的完全在我们得救时便积蓄在我们里面。衪的人格、品性与形象融入进我们的生命，我们在公义、圣洁和慈爱中持续进深。

基督徒的生命是一个自洁成圣的过程。我们有责任"活出"我们的救恩。

腓 2:12
这样看来，我亲爱的弟兄，你们既是常顺服的，不但我在你们那里，就是我如今不在你们那里，更是顺服的，就当恐惧战兢，做成你们得救的工夫。

救恩——开始恢复上帝的原始设计

林后 5:17
若有人在基督里，他就是新造的人，旧事已过，都变成新的了。

● 在基督里成为"新造的人"意味着，经过圣灵的浇灌，我们现在有能力成为上帝起初设计的人的样式。
● 《圣经》使用两个维度描述原始设计——整体的与个体的（参看本书第150页《基督徒的生有权》中有关整体的原始设计的例子）。
● 有一些原始设计的例子是上帝为衪所有儿女们设计的一般指标。另一些例子则是针对某个具体的人而做的要求。
● 上帝对衪所有的创造都有目的、有计划，衪对自己创造的每一个人也有着目的和计划。上帝创造的每一个人都与众不同，具有不同的恩赐、技能、个性与激情，可以实现上帝对其生命所赋予的目的。

思考《士师记》第6章中基甸的故事。据这个故事记载，基甸东躲西藏，活在恐惧当中。他以为自己在家族和部落中是渺小的、是卑贱的。他以为那些"事实"是他生命的真相。他真是大错特错！他的自我认知并不符合上帝的想法。上帝的天使道出了真相：基甸毫无畏惧，他是领袖、是武士、是大能的勇士。对于自己的家族、民族乃至上帝的国度，基甸都身负极其重要的使命！了解我们的原始设计将彻底改变我们的生命，只要我们像基甸那样相信它并且把它活出来。

《圣经》中另一个有关原始设计的例子是施洗约翰的出生（参看路1:13-17）。读一读这段故事，观察一下上帝是如何具体地告诉约翰的父母他将成为什么人、他会去做什么事。

我是谁？（基甸的例子）

请读《士师记》6:12-16

注意看，上帝差派了一位天使去提醒基甸，要他记得上帝的原始设计。当天使显现时，基甸正在酒榨（地下的洞穴中）打麦子，因为他害怕被自己的敌人发现。天使呼唤他："大能的勇士……"

那时，基甸看起来根本就不像什么大能的勇士！他回答说："我有何能拯救以色列人呢？我家在玛拿西支派中是至贫穷的，我在我父家是至微小的。"

不论我们晓得与否、明白与否、接受与否，能够意识到上帝对我们的评价是信实的，这才是最重要的。如果你继续阅读《士师记》，就会看到当基甸最终接受并且践行了上帝的话语，上帝所说的一切全都应验了。但是，如果基甸没有认识到自己的原始设计，那么他是无法选择将它活出来的。

观察基甸的例子，我们会发现一个人的"原始设计"并非总是明显可见的。这也正是我们需要祷告的。我们可以祈求上帝透过圣灵的启示向我们显明祂是如何规划一个人个体的原始设计的。上帝希望我们了解我们各自的原始设计。祂藉着读经和祷告向我们说话。祂将原始设计的真谛植入我们内心深处，只要我们倾听便会听见真理的共鸣。

构成个体的原始设计的成分包含许多特征，有一些是显而易见的，有一些则是通过祷告得到的。我们应当时常查考《圣经》以验证我们得到的任何启示，检验它们是否与神的工作及品格相一致。思考以下（潜在的）原始设计的各个方面：

● **性情**（耶稣基督的特质，诸如怜悯或者公义、圣灵的果子，与《圣经》人物相似的个性）

● **属灵的恩赐**（怜悯的恩赐？领导力？激励？劝勉？先知预言？智慧？分辨？）

● **角色**（如果是男人／丈夫，《圣经》要求具备如下素质：守护者、供应者、保护者、有力的领导者、敏感；如果是女人/妻子，《圣经》要求具备如下素质：帮助者——成全者、慈母之心、养育者、有才能、温柔以及安静的灵，等等）

● **呼召**（像摩西或底波拉那样的领袖，像撒母耳那样的先知，像保罗或百基拉那样的教师，像约拿单那样的朋友，像吕底亚那样的商人，等等）

不论是自己领受的，还是祷告显明的，或是通过专业的祷告团队（如果你的教会有这样的团队）提供的获取原始设计的祷告文获得的——仅仅得到是不够的，还要去倾听、记录并且默想上帝到底向你揭示了什么。立志越来越多地在自己的原始设计中看待自我。这才是本我的真谛：无关过往的成败对错功过是非。所有这些都无法表明或者改变你的原始设计。

林后 5:14-16

原来基督的爱激励我们。因我们想，一人既替众人死了，众人就都死了；并且他替众人死，是叫那些活着的人不再为自己活，乃为替他们死而复活的主活。所以，我们从今以后，不凭着外貌（注：原文作"肉体"。本节同）认人了。虽然凭着外貌认过基督，如今却不再这样认他了。（下划线表强调）

恢复失丧的——活在自由中

"活出自由"意思是享用上帝借着耶稣基督在救恩中想要给我们的一切祝福。 这包括恢复神对个人、家庭和教会起初设计和目的。也包括恢复活出有盼望、有意义和完全满足生命的能力。

你会在接下来的章节中明白如何活在自由中。但这里只是简单看看这意味着什么：

从拒绝中得自由

当亚当和夏娃选择了撒旦的权柄时，他们拒绝了上帝，导致与神的分离和与祂的公义，良善和慈爱同在的隔绝。从此之后，拒绝——并活在那种拒绝中——成为人类生存的内在一部分。拒绝，以各种形式表现出来，现在渗透在我们的生命和关系之中。

相反，"活出自由"包含与神和好并在耶稣基督里被祂全然的接纳！

林后 5:18-19

一切都是出于神，他藉着基督使我们与他和好，又将劝人与他和好的职分赐给我们。这就是神在基督里叫世人与自己和好，不将他们的过犯归到他们身上，并且将这和好的道理托付了我们。

从罪恶感、被定罪和羞耻中得自由

自从亚当犯罪之后，他躲避神，因为他感到羞耻（创3:7）。他和夏娃第一次经历到了罪恶感和谴责。没有在耶稣基督里得救赎的关系，我们也要活在我们的罪所产生的罪恶感、羞耻和谴责之中。很多次这些就导致我们活在各种对自己和别人的破坏性行为中。

没有耶稣基督的救赎,人类活在死亡引人注意的权势和恐惧之中。

活出自由包括赦免我们罪所产生的罪恶感, 向神和人活出平安,没有羞耻的生活。

罗 8:1
如今,那些在基督耶稣里的就不定罪了。

从恐惧和焦虑中得自由

亚当和夏娃罪的另一个后果是他们经历到恐惧(和恐惧的同伴,焦虑),而在这之前他们拥有安康、保护、供应和个人关怀。亚当告诉上帝当他听见上帝的声音,他就害怕(创3:10)。这以前从来没有发生过。然后,亚当和夏娃的儿子该隐向神表达了他的焦虑,他感到脆弱和不被保护(创4:13-14)。

这以前也从来没有发生过——这来自于罪并继续传染给人类的灵魂。神为我们的计划是自由地活在没有恐惧和忧虑中。

活出自由包括学习活出平安、自信和信心的生活。

提后 1:7
因为神赐给我们不是胆怯的心,乃是刚强、仁爱、谨守的心。

从无意义和徒劳无功中得自由

你作为一个人是有重要性的,并在耶稣基督里被赋予了永恒的目的。你现在充满了祂的荣耀;你具有祂的权柄并被拯救献给神永恒的目的。

活出自由包括学习在你要活在作为人的意义和永恒的目标的真理中

西 2:9-10
因为神本性一切的丰盛,都有形有体地居住在基督里面,你们在他里面也得了丰盛。他是各样执政掌权者的元首。

从疾病和苦难的奴役中得自由

疾病、苦难和死亡不是神为人类的起初设计的一部分。神可以并且真的使用起初 设计在我们的生活中为了神的目的和荣耀的目标。但是透过耶稣基督的生命、死亡和复活而让神的国度近了,这包括人的身体健康复原和得医治的可能性。

活出自由包括学习使用耶稣的权柄来胜过疾病和病害。

太8:16–17
到了晚上,有人带着许多被鬼附的来到耶稣跟前,他只用一句话,就把鬼都赶出去,并且治好了一切有病的人。这是要应验先知以赛亚的话,说:"他代替我们的软弱,担当我们的疾病。"

从审判和对死亡的恐惧中得自由

死亡是亚当和夏娃不顺服带来的另一个后果。死亡有很多的方面——属灵的、身体的、关系上的和情感上的。这是堕落人类的最终审判,就是与神永远的分离——最终的死亡。没有耶稣基督的救赎,人类活在死亡引人注意的权势和恐惧的阴影之下。虽然我们所有人都在肉体上死亡(直到耶稣基督再来),但是耶稣基督已经胜过了审判和死亡的恐惧。

活出自由的一部分是从死亡的审判和恐惧中被释放出来。

来 2:14–15
儿女既同有血肉之体,他也照样亲自成了血肉之体,特要藉着死,败坏那掌死权的,就是魔鬼,并要释放那些一生因怕死而为奴仆的人。

从撒旦的镇压和压制下得自由

耶稣来摧毁了那恶者一切的作为并解除了他对人类一切的权势和权柄。我们已经看到亚当和夏娃顺服了撒旦而违背了上帝后,他们给了撒旦管理他们的权柄和统治权。然而,当耶稣基督死在十字架上并从死里复活,他胜过了罪和其审判的权 势。他摧毁了撒旦的权柄并解除了他的权势。

活出自由包括活在我们胜过撒旦和他的权势的权柄中和操练它。

西2:13–15
你们从前在过犯和未受割礼的肉体中死了,神赦免了你们(注:或作"我们")一切过犯,便叫你们与基督一同活过来;又涂抹了在律例上所写攻击我们、有碍于我们的字据,把它撤去,钉在十字架上。既将一切执政的、掌权的掳来,明显给众人看,就仗着十字架夸胜。

约壹 3:8
犯罪的是属魔鬼,因为魔鬼从起初就犯罪。神的儿子显现出来,为要除灭魔鬼的作为。

人类的责任

人—神合作

自由这个伟大的礼物是上帝的计划和工作;这依靠祂并且只能由祂完成。我们没有能力成为像神一样的公义,但是我们在得救的改变中的确有责任,也有责任从 撒旦的谎言、诡计和捆绑中得自由。

这就是我们所描述的"人—神合作",只有神可以做的工作却因为人操练他 / 她由神所赐的责任时产生。一个例子就是从罪中得蒙救赎的工作,这描述在约1:12:"凡接待他的,就是信他名的人,他就赐他们权柄,作神的儿女。"(强调用斜体字)。

有效的属灵转变通过真实的权能,而不仅仅只是言语上

林前4:20
因为神的国不在乎言语,乃在乎权能。

耶稣基督在十字架上成就了我们得赦免所必要的工作。当我们接受耶稣在十字架上已经成就的工作时,当我们为了救恩祷告时,在属灵的领域里发生了转变。当我们顺服祂而活时这种能力会持续。正如我们将在这个课程中以后会学习的,这种转变有着深远的结果。正如我们看到活在神的起初设计和自由中的过程时,注意以下的几点很重要:

1.我们不能从自我帮助或者积极思考得到自由。
2.我们不能赚得自由或积极争取到自由。
3.我们不能用只依靠人类的意志带来持久的改变。
4.我们不能希望捆绑自动消失。

我们需要属灵的转变!

理解何为属灵的转变

在日常生活中,当决定一个商业交易时,会签订一个合同然后盖上公证人的章。归属权或者财产会通过担保它的一方的权柄被转移和归还。相似的,在属灵的层面上,当耶稣基督的跟随者基于真理做出了意志的决定,并用他的言语做出了充满信心的宣告,它就被盖上了宇宙的终极权柄的章。属灵的转变实现了—它完成了!属灵的转变发生在会对自然和身体领域产生影响的属灵的领域中。

属灵转变的组成成分:

- 赞同神的理。
- 顺服神的理。
- 用你的言语做出信心的宣告。
- 理解它有神全能的权柄作支持。
- 知道属灵的转变依靠神释放的能力发生在每个真实的方面!

救恩:最初的属灵转变

好消息是故事并没有以人类和被造物完全的堕落为结束。耶稣基督宣称他来是"为了寻找和拯救失丧的"(路19:10,强调用斜体字)。注意到这段信息说耶稣来是要寻找和拯救(恢复,使完全)所失丧的什么或所失丧的哪一个,不仅仅只是失丧的人。耶稣来开启了恢复的工作,以人与神的关系为开始,但是超越这个关系,最终涉及到因着亚当的罪而失丧的一切。

对于撒旦寻求毁坏、杀害和带来罪的捆绑的每个地方,耶稣基督的生命和事工是寻找机会要重建完整、完全和自由。这种重建的工作将会最终在天国里完全,但是我们生命的自由无疑在救恩时就开始(西 2;13-15).

当一个人承认和回应以下的真理时就开始了救恩的属灵转变:

1. 上帝是圣洁和公义的,而我们不是

首先我们必须承认,上帝是圣洁公义的,你不能活出祂公义的标准。相反,我们都犯罪悖逆了神并且亵渎了祂的人格和真理。神是公正的神而且必须,因着祂的属性,神要审判和惩罚罪和那些犯罪的人。因此,这将我们放在神永恒的审判中,在刑罚的位置上与神永久隔绝。

罗 3:10-12
就如经上所记:"没有义人,连一个也没有!没有明白的,没有寻求神的;都是偏离正路,一同变为无用。没有行善的,连一个也没有!

2. 神是爱并差遣祂的儿子偿付了我们罪的代价

其次,你必须个人接受真理,就是上帝是那位有无限爱的上帝。因着祂为你的大爱,祂差遣祂的儿子,耶稣基督,作为人的样子来到世界生活,他完全无罪的生活。然后在祂的公义中他无罪的死在十字架上。这是为了偿付人向神犯罪的刑罚和惩罚,这样神可以公正的赦免每个接受祂的男人、女人和孩子。耶稣然后从死里复活以证明他胜过了撒旦、死亡和罪,并满足了神对罪的公正。

多3:3-5
我们从前也是无知,悖逆,受迷惑,服事各样私欲和宴乐,常存恶毒(注:或作"阴毒")、嫉妒的心,是可恨的,又是彼此相恨。但到了神我们救主的恩慈和他向人所施的慈爱显明的时候,他便救了我们,并不是因我们自己所行的义,乃是照他的怜悯,藉着重生的洗和圣灵的更新。

3. 我们通过信心和悔改,借着恩典得到新生命

第三,你需要操练信心,并且在那个信心的基础上做出决定,口里和心里都要承认。如果你相信这里分享的圣经真理,你必须在祷告中实行它们。如果你这样做,你就会得救,所有的罪被赦免,并自由地在天国里和神永远在一起。你可以开始在你的生活中经历上帝的自由、爱和能力。

罗10:9,10
你若口里认耶稣为主,心里信神叫他从死里复活,就必得救。因为人心里相信,就可以称义;口里承认,就可以得救。

罗10:13
因为"凡求告主名的,就必得救。"

4. 我们得到耶稣的公义和生命

第四,你用耶稣的公义代替了你的罪。当上帝看你时,祂不再看到你的罪。相反,祂看到自己儿子的纯全。这是因为耶稣基督,本质上和生活中都是完全公义的,有资格为了我们的益处偿付刑罚和人类罪的代价。结果,在救恩的属灵转变中,通过信心的行动,有罪的人可以用耶稣的公义来代替他们的罪。

林后 5:21

神使那无罪的(注:"无罪"原文作"不知罪"),替我们成为罪,好叫我们在他里面成为神的义。

你是否已经解开了属灵死亡的锁链并凭信心接受了耶稣基督里的救恩呢?如果还没有,为什么不呢?你现在就可以祷告得到自由!你只需要:

1.**承认**你是罪的奴隶,与神隔绝了,并且自己无法救自己。
2.向神**悔改**你的罪并请求**祂**的赦免。
3.**相信**耶稣在十字架上的死亡和从死里复活已经偿付了你罪的代价,并给了你永生和自由。
4.凭信心**接受**神的赦免和自由,并开始在其中生活,立志决定你现在已经将耶稣作为你生命的主,你将顺从和顺服他。

弗 2:4-5

然而神既有丰富的怜悯,因他爱我们的大爱,当我们死在过犯中的时候,便叫我们与基督一同活过来(你们得救是本乎恩)。

如果你愿意凭信心在耶稣基督里成为神失而复得的孩子,你可以以诚实和确信的态度按照下面建议的祷告词祷告:

亲爱的天父,我相信祢是全然圣洁和公正的,并要求我要像祢公义的标准一样公义。我也知道并承认我是个罪人并犯了罪。我缺失了祢的圣洁。我也相信祢是那位慈爱的神,祢差遣祢的独生子耶稣基督我的罪而死。我相信耶稣基督是真实和完全的神,同时他也是完全和真实的人在地上居住。我相信他本身和生活中都没有罪,是完全的圣洁。我相信耶稣为赎我的罪死在十字架上并从死里复活,显明祂胜过了罪和满足了你对我的罪的审判。凭着信心和借着祢的恩典,我请求你赦免我的罪并接纳我成为祢的孩子,借着耶稣基督的公义完全的赦免我并使我恢复与祢的关系。我接受祢的赦免并宣告我愿意继续活出转离罪的生活,并愿意甘心乐意的顺服祢作我生命的救主和生命的主。阿门。

接下来的属灵转变

基督徒生活中的最基本的属灵转变是一个人接受耶稣基督作他的救主和生命的主。基于真理,充满信心的话语被宣告。祷告是从心里发出的确信,转变就发生了,并有神的能力来封印(罗10:9)。我们看到在自然领域中被改变的生命(林后5:17;加2:20)。

在救恩的属灵转变中通过信心的行动,有罪的人可以用耶稣的公义来代替他们的罪。

不论如何,这不是我们进行的最后的属灵转变!任何时候通过祷告进入人–神合作,我们都进行随后的属灵转变。比如说,相似的事情会借着悔改的祷告发生——属灵的转变发生了会在自然领域中产生影响。在这些转变中,我们人类发起一个行动或活动,神会借着只有祂能做的事情来回应。

进入自由的生命

要行走在活出自由的路上有一些策略性的真理,这是在能力和完全中神计划我们要行走的路。我们将在以后的部分更完整地描述这些真理,但是这里我们只是简单的看一下一个基本的真理。这将让我们启动,我们可以马上开始旅程:悔改的属灵转变中发现的自由。

认识和操练悔改

可 1:14,15
约翰下监以后,耶稣来到加利利,宣传神的福音,说:"日期满了,神的国近了! 你们当悔改,信福音!"

悔改意味着停止、回转、朝相反的方向行走

要悔改我们需要:

认出我们的罪并承认它
林前 15:34
你们要醒悟为善,不要犯罪,因为有人不认识神。我说这话是要叫你们羞愧。

在真理中更新我们的心思意念。
罗 12:2
不要效法这个世界,只要心意更新而变化,叫你们察验何为神的善良、纯全、可喜悦的旨意。

从我们的罪中回转。
提后2:19
然而,神坚固的根基立住了。上面有这印记说:"主认识谁是他的人。"又说:"凡称呼主名的人总要离开不义。"

向相反方向努力
弗 4:21
从前偷窃的,不要再偷。总要劳力,亲手作正经事,就可有余分给那缺少的人。

悔改的祷告

综合了雅各书第四章的原则就是我们称为的"4—R"的祷告模型。这个模型可以帮助我们以易记和实用的方式认识和应用雅各书的四个原则。

简单的说,4-R包括(这些步骤会在第五部分"拆除营垒"中更详细的解释):

1. (Repent) **悔改**并接受上帝的饶恕。
2. (Rebuke)**指责**恶魔的影响并弃绝那些与神的真理相悖的谎言。
3. (Replace)用真实正确的事情**代替**那些谎言或得罪神的行为,用神的真理更 新你的心思意念,并活出顺服的行动。
4. (Receive)**接受**上帝的灵充满的工作,并充满喜乐!

注意悔改不是:
- 它不是自我帮助
- 它不是宗教的律法主义
- 它不只是希望
- 它不只是积极的思考
- 它不是努力奋斗
- 它不是顽强的人的意志

林前4:20
因为神的国......乃在乎权能。

活出悔改成为我们的生活方式

我们如何前行?

我们从理解这些开始......

...... 我们已经在基督里被赦免、被接纳和有安全感。
...... 我们与神的关系以恩典为基础。
...... 我们生活和回应圣灵的判罪,而不是谴责定罪。
...... 我们永远不用躲避神——**祂**的赦免是即时和完全的。

第二部分
一个世界,两个国度

我们的世界有两个国度

圣经教导我们,我们生活的世界有两个国度————个是物质的,一个是属灵的。使徒保罗写到"所以你们若真与基督一同复活,就当求在上面的事;那里有基督坐在神的右边。你们要思念上面的事,不要思念地上的事。"(西3:1-2,增加了强调)。在一个国度中——自然的国度中——我们可以很轻易地使用五官:用眼睛看,用耳朵听,闻气味,尝味道,并且触摸。然而,同样的五官在另一个国度里对我们的帮助却很小。我们可以说一个国度——自然的国度——是物质的,而另一个国度——属天的国度——是不可见的或属灵的。

但是肉眼不可见并不会让属天的国度减少任何的"真实"。虽然这两个国度截然不同,但是它们同时在我们的生活中运行。这是怎么工作的?圣经中有很多处阐明了两个国度的真实性,只是很少像约伯记那样讲得简洁和完全。

约伯的世界的崩溃

伯 1:13-19
有一天,约伯的儿女正在他们长兄的家里吃饭喝酒,有报信的来见约伯说:"牛正耕地,驴在旁边吃草,示巴人忽然闯来,把牲畜掳去,并用刀杀了仆人;惟有我一人逃脱,来报信给你。"

他还说话的时候,又有人来说:"神从天上降下火来,将群羊和仆人都烧灭了;惟有我一人逃脱,来报信给你。"

他还说话的时候,又有人来说:"迦勒底人分作三队,忽然闯来,把骆驼掳去,并用刀杀了仆人;惟有我一人逃脱,来报信给你。"

他还说话的时候,又有人来说:"你的儿女正在他们长兄的家里吃饭喝酒,不料有狂风从旷野刮来,击打房屋的四角,房屋倒塌在少年人身上,他们就都死了;惟有我一人逃脱,来报信给你。"

伯 2:7-10
于是撒但从耶和华面前退去,击打约伯,使他从脚掌到头顶长毒疮。约伯就坐在炉灰中,拿瓦片刮身体。他的妻子对他说:"你仍然持守你的纯正吗?你弃掉神,死了吧!"

约伯却对她说:"你说话像愚顽的妇人一样。嗳!难道我们从神手里得福,不也受祸吗?"在这一切的事上,约伯并不以口犯罪。

注意约伯所遇到的不幸的性质:

● 他的羊群和仆人被邻近部落和民族袭击,并被雷电击打——因此约伯失去了经济来源。
● 他的孩子被自然灾害受死了而且他的婚姻被毁了。
● 他失去了身体健康。

看看约伯灾难背后的场景

伯 1:6–12
有一天,神的众子来侍立在耶和华面前,撒但也来在其中。耶和华问撒但说:"你从哪里来?"撒但回答说:"我从地上走来走去,往返而来。"

耶和华问撒但说:"你曾用心察看我的仆人约伯没有?地上再没有人像他完全正直,敬畏神,远离恶事。"

撒但回答耶和华说:"约伯敬畏神岂是无故呢?你岂不是四面圈上篱笆围护他和他的家,并他一切所有的吗?他手所做的都蒙你赐福;他的家产也在地上增多。你且伸手毁他一切所有的,他必当面弃掉你。"

笔记:

圣经教导我们,我们生活的世界有两个国度——一个是物质的,一个是属灵的。肉眼不可见并不会让属天的国度减少任何的"真实性。"

> 神希望我们像了解在可见的世界一样了解在属灵世界正在发生的事情。

耶和华对撒但说："凡他所有的都在你手中,只是不可伸手加害于他。"于是撒但从耶和华面前退去。

伯 2:1-7

又有一天,神的众子来侍立在耶和华面前,撒但也来在其中。耶和华问撒但说："你从哪里来?"撒但回答说："我从地上走来走去,往返而来。"

耶和华问撒但说:"你曾用心察看我的仆人约伯没有?地上再没有人像他完全正直,敬畏神, 远离恶事。你虽激动我攻击他,无故地毁灭他;他仍然持守他的纯正。"

撒但回答耶和华说:"人以皮代皮,情愿舍去一切所有的保全性命。你且伸手伤他的骨头和他的肉,他必当面弃掉你。"

耶和华对撒但说:"他在你手中,只要存留他的性命。"于是撒但从耶和华面前退去,击打约伯,使他从脚掌到头顶长毒疮。

注意约伯不幸的原因:
- 表面上看来似乎他的不幸只是身体上的、自然国度的问题。
- 阅读约伯记的前两章后,我们就意识到约伯灾难的真正原因来自另一个国度,那个不可见的属灵的国度。

"属灵的画中画"

你可能已经见到过电视屏幕中同时显示不同的画面,让人可以同时看到多个节目或者事件。这种特色功能有时被称为"画中画"。有一台带"画中画"功能的电视, 你就可以同时看一个新的娱乐节目和棒球比赛。

当我们有这样的工具可以使用时,属世世界就不断成长为一个多任务的科技为主的文化——或者同时观看不只一件事情。同样的事情在属灵层面上未必是真实的。对于属灵国度的敏感是我们在追求支配权、理性和技术的过程中失去的品质。

- 如果我们只是能从单视角看待生活,可能会很容易说约伯遭受了一连串的不幸。然而,圣经清楚地指出,属灵世界的活动直接影响了约伯在世上的生活。

● 神希望我们像了解在可见的世界一样了解在属灵世界正在发生的事情。现代的例子就是电视中的"画中画"能力,它可以让观众同时看到在两个不同的频道正在发生的事情。

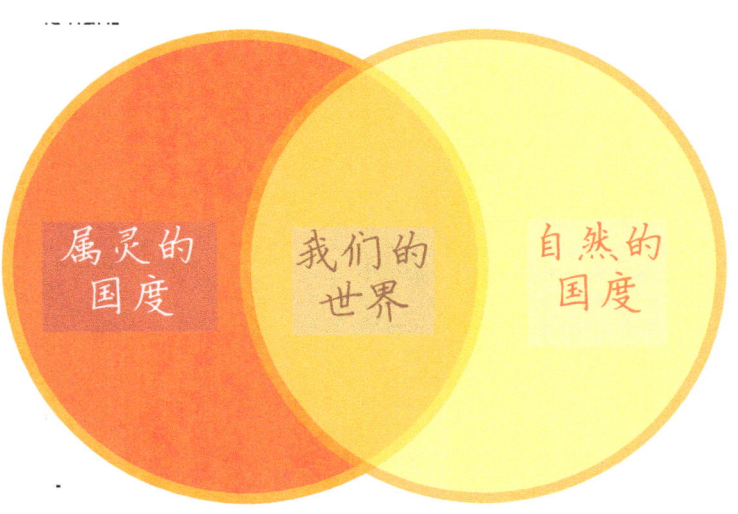

属灵的
国度

我们的
世界

自然的
国度

一个世界,两个国度

使徒保罗经常写到这个国度,并且这是他的以弗所书的中心主题。他五次提到"天上的",使用新约中特别的词epouranios来指这个国度(弗 1;3、26,2:6,3:10, 6:12)。

"天国" (不可见的属灵国度)

这个国度包含了所有的属灵的、不可见的,或者在自然界中看不到的(上帝、圣灵、天使、魔鬼、咒诅和祝福)。

"人世" (可见的物质国度)

这个国度包含所有的在物质世界中用自然的感官可以察觉的事物。

两个国度都是完全真实的,而且一个国度的事情直接影响着另一个国度的事情。

两个国度之间的相互关系

我们怎么可以看到两个国度之间的交互?在真实的生活中这看起来是怎样的?但10:2-21展现了关于这两个国度如何交互的图画。政治家和预言家但以理热情地为以色列的将来向神祷告和寻求神的面。三周多都没有任何明显的回应;看起来什么事情也没有发生。但是事实上,在天空中正在进行一场激烈的战争。

天空中发生的事情影响着自然的国度

但 10:2-13
当那时,我但以理悲伤了三个七日。美味我没有吃,酒肉没有入我的口,也没有用油抹我的身,直到满了三个七日。正月二十四日,我在底格里斯大河边。

> 我们无法承担对这个事实无知或忽略所带来的后果。我们活在一个世界中——但是它的确有两个国度,并且我们同时活在两者之中。

举目观看,见有一人身穿细麻衣,腰束乌法精金带。他身体如水苍玉,面貌如闪电, 眼目如火把,手和脚如光明的铜,说话的声音如大众的声音。这异象惟有我但以理一人看见,同着我的人没有看见,他们却大大战兢,逃跑隐藏,只剩下我一人。我见了这大异象便浑身无力,面貌失色,毫无气力。我却听见他说话的声音,一听见就面伏在地沉睡了。忽然,有一手按在我身上,<u>使我用膝和手掌支持微起。</u>他对我说:"大蒙眷爱的但以理啊,要明白我与你所说的话,只管站起来,因为我现在奉差遣来到你这里。"他对我说这话,我便战战兢兢地立起来。他就说:"但以理啊,不要惧怕!因为从你第一日专心求明白将来的事,又在你神面前刻苦己心,你的言语已蒙应允,我是因你的言语而来。但波斯国的魔君拦阻我二十一日,忽然有大君 (注:就是"天使长"。21节同)中的一位米迦勒来帮助我,我就停留在波斯诸王那里。

注意正在发生什么事情:

但 10:20–21
他就说:"你知道我为何来见你吗?现在我要回去与波斯的魔君争战,我去后,希腊(注:原文作"雅完")的魔君必来。但我要将那录在真确书上的事告诉你,除了你们的大君米迦勒之外,没有帮助我抵挡这两魔君的。"

● 希腊帝国200年后才登上历史的舞台,但是它的到来在天上的属灵争战中被提前预报了。

● 但以理的祷告促成了神的天使的到来和随之而来的天空中灵界的战争。

● 从这段描述中我们可以看到,自然国度中发生的事情是天空中已经发生和正在发生的事情的结果。

● 两个国度之间的交互的确在这个世界中进行着——甚至在你的生活中、家庭、文化、社区、国家和教会中。

我们无法承担对这个事实无知或忽略所带来的后果。我们活在一个世界中——但是它的确有两个国度,并且我们同时活在两者之中。我们必须学会问这样的问题:

- 这种困难的情况是"恰好发生"吗？
- 我的坏情绪是"恰好发生"吗？
- 我的充满张力的婚姻是"恰好发生"吗？
- 沉闷的群体敬拜只是因为天气和季节吗？
- 什么自私和小气的灵(或分裂、悖逆的灵等等) 一代又一代地持续存在于教会中？
- 持续地缺乏喜乐和热心只是因为个性吗？
- 固执、偏见和种族清洗是"恰好发生"吗？
- 糟糕的健康是"恰好发生"吗？
- 战争是"恰好发生"吗？
- 饥荒是"恰好发生"吗？
- 经济危机是"恰好发生"吗？
- 沮丧是"恰好发生"吗？

耶稣的生活和服事真实地承认这两个国度

耶稣的生活以时刻准备好和警惕地活在两个国度中为特征。看起来好像换个地方,他就会遇到魔鬼。耶稣认识到,经常看起来是自然国度的事情本质上是属灵国度的事情。他明白在医治、祝福和咒诅中言语的力量。

路 4:40–41
日落的时候,凡有病人的,不论害什么病,都带到耶稣那里。耶稣按手在他们各人身上,医好他们。又有鬼从好些人身上出来,喊着说:"你是神的儿子!"耶稣斥责他们,不许他们说话,因为他们知道他是基督。

路 8:24
门徒来叫醒了他,说:"夫子!夫子!我们丧命啦!"耶稣醒了,斥责那狂风大浪, 风浪就止住,平静了。

当然,耶稣在旷野中40天禁食的时候遇见撒旦(太4)。他第一次在迦百农的会堂里讲道时遇见魔鬼(可1)。他的服事包括释放被魔鬼辖制的人们和用这样的活动宣告神的国度来到世上(路11)。事实上,耶稣来到世上的一个重要的原因是借着他的死和复活,来摧毁那恶者的工作(来2)。

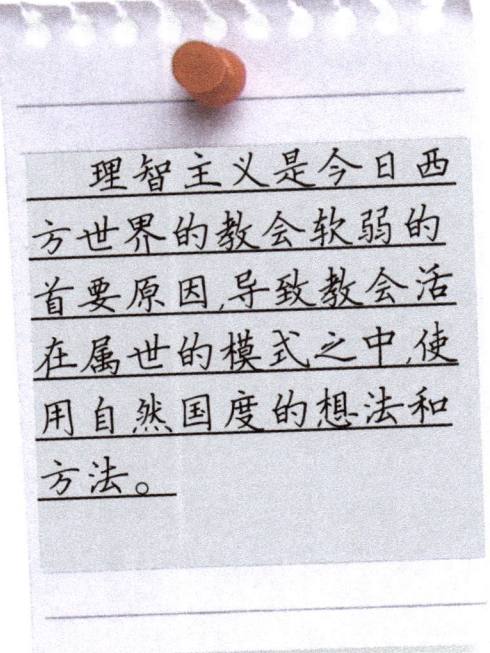

理智主义是今日西方世界的教会软弱的首要原因,导致教会活在属世的模式之中,使用自然国度的想法和方法。

这个世界是个战争区

活出自由的一部分是恢复我们同时对属灵国度和自然国度敏感的能力。我们需要发展一种鉴别力,可以知道两个国度如何互相影响。我们活在一个属灵的世界中,充满属灵的能力。我们活在一个战争区中,它基本上和主要是在属灵的或天国的国度中争战。我们活在宇宙的战争之中,它在天空中发起但是深深影响着这个自然的国度。

弗 6:12
因我们并不是与属血气的争战,乃是与那些执政的、掌权的、管辖这幽暗世界的,以及天空属灵气的恶魔争战(注:两"争战"原文都作"摔跤")。

弗 6:12 (新译本)
因为我们的争战,对抗的不是有血有肉的人,而是执政的、掌权的、管辖这黑暗世界的和天上的邪灵。

我们不能对这个战争一无所知

约 10:10
盗贼来,无非要<u>偷窃</u>、<u>杀害</u>、<u>毁坏</u>;我来了,是要叫羊(注:或作"人")得生命,并且得的更丰盛。(下划线表示强调)

约壹 3:8
犯罪的是属魔鬼,因为魔鬼从起初就犯罪。神的儿子显现出来,为要除灭魔鬼的作为。

林后 2:10–12
你们赦免谁,我也赦免谁。我若有所赦免的,是在基督面前为你们赦免的,免得撒但趁着机会胜过我们,因我们并非不晓得他的诡计。我从前为基督的福音到了特罗亚,主也给我开了门。

基督徒必须活在属灵国度的真实之中

作为基督徒,我们要智慧地和无畏地活在属灵国度的真实之中。圣经清楚地陈明,基督徒要持续地活出以耶稣为榜样的生命和服事(约17:18、20,20:21)。使徒保罗教导说我们在属灵的争战之中(弗6:12)。

基督徒...

1.已经脱离了黑暗的权势。

西 1:13–14
他救了我们脱离黑暗的权势,把我们迁到他爱子的国里;我们在爱子里得蒙救赎, 罪过得以赦免。

2.因着主住在我们里面,已经有了更大能力的应许。

约壹 4:4
小子们哪,你们是属神的,并且胜了他们,因为那在你们里面的,比那在世界上的更大。

3.已经借着耶稣基督拥有了胜过魔鬼和他们权势的权柄。

路 10:17–19
那七十个人欢欢喜喜地回来,说:"主啊!因你的名,就是鬼也服了我们。"耶稣对他们说:"我曾看见撒但从天上坠落,像闪电一样。我已经给你们权柄可以践踏蛇和蝎子,又胜过仇敌一切的能力,断没有什么能害你们。

弗 2:6
他又叫我们与基督耶稣一同复活,一同坐在天上。

我们的思想抗拒圣经的/耶稣的世界观

●过于依赖我们的五官和人文主义和理性主义令人瘫痪的影响。
●对于魔鬼不予理会或者把那些控制的灵界的能力当作"原始的"。
●在人们的世界观和思想中理智主义的巨大影响。

这是当今教会软弱的首要原因,导致教会活在属世的模式之中,用自然国度的思想和策略。

人本主义的理性主义

有时当你活在一个文化或思想之中时,你很难看到它所有的特征。我们没有意识到一个特定的世界观有多深地影响着我们如何看待生活和如何思想。

笔记：

下面的诊断可以帮助你分辨自己是否被唯物主义或启蒙运动过度地影响,它们会阻止你用圣经的世界观活在属灵的国度中。选出适合你的选项：

☐ 我喜欢以符合逻辑的方式来看待事情,并对接受不是以实验为依据和/或者看起来不合逻辑的事情很挣扎。

☐ 我认为那些相信天使和魔鬼,祝福和咒诅并按照这样方式生活的人是"极端"的。

☐ 寻求问题产生的原因,我在寻求圣灵的智慧和带领之前,首先寻求逻辑和自然的原因。

☐ 生活中我看重和依赖自己的思想、原因和理智的能力来对付生活。

☐ 我经常发现很难透过"信心的眼光"来看待事情。我很轻易地变得沮丧,因为我低估上帝可以带来改变的能力。

☐ 我的家庭很看重逻辑和清晰地思考,并且要有好的、确实的、实证的原因来思考或者相信某些事情。

☐ 我认为我理解大部分的战争在本质上都是"属灵的",只是我更习惯于自己解决问题多于祈求上帝从祂的眼光来看待事情。

☐ 我很挣扎,难于相信那个不可见的国度在日常生活中是真实和有权势的。

☐ 我不能完全理解"属天的国度"的事情,因此也没有过多的关注它。

☐ 我认为魔鬼和天使的观点是原始的、迷信的,和/或者不相关的。

☐ 当然我唯一所需要的就是"理解神的道"并活在其中。超自然的国度不是我的责任。

想像一个教会、家庭或者群体可以:

• 没有人会对别人不满。
• 没有人因为害怕拒绝而对其它人有所隐藏。
• 没有人因为惧怕失败而逃避来自上帝的挑战。
• 没有人因为他们自己感到不足和无意义而隐藏自己的恩赐。
• 没有人惧怕仇敌。
• 没有人降服于崇拜金钱、性和权势这些偶像。
• 没有人陷入惧怕人的网罗之中。
• 没有人对他或者她的资源有所保留。
• 没有人陷入被动和无动于衷。
• 所有人都靠着属灵的能力和权柄而站立,活出真实的生命并且委身于他人的兴盛。

这是今日耶稣的事工在我们中间的目的!

我们靠着圣灵同时活在两个国度之中

神已经供应了我们有能力地活在两个国度之中所需要的一切。靠着神的大能,祂已经给了我们生命和敬虔所需要的(彼后1:3)。当然,这些的根基是我们在耶稣基督里的救恩。祂也同时供应了我们与圣灵的关系,这使我们可以在自然的国度中靠着上帝的大能行事。

没有圣灵的能力,我们可能无法在日常生活中全然地跟随耶稣基督。我们也无法全然地顺服上帝让我们所做的,或者胜过撒旦和他的诡计。没有祂的能力,我们可能无法实行大使命和耶稣基督的事工。被圣灵充满使我们可以活出自由,恢复与神的关系和祂对我们的设计,并活出耶稣的生命和执行耶稣的事工。

靠圣灵行事是必须的,并且是给信徒的命令

- 为了活出摧毁营垒的生命,被圣灵充满是绝对必要的。同样,为了活出顺服上帝的生命,我们被命令要被神的灵充满。
- 弗 5:18 命令我们要持续地活出被圣灵充满的生命。

弗 5:18
不要醉酒,酒能使人放荡,乃要被圣灵充满。

- 我们要持续地活出被圣灵充满的生命,并且常常寻求让祂的完全在我们的生命中不断增长。

我们应该敞开生命并时刻预备好被圣灵特别地充满

- 我们所有人在得救时都得到了圣灵。
- 有时当我们的生命要求抵抗一个明显的试探,而活在圣洁或是服事上帝的一个机会。我们需要圣灵的能力以明显和大能的方式工作,超过平时持续不断地活在神的灵充满的生活中。比如,使徒彼得从五旬节开始就活在圣灵充满的状态中,然而他多次受到特别地充满,其他信徒也是如此。

徒 4:8

那时,彼得被<u>圣灵充满</u>,对他们说:"治民的官府和长老啊..."（下划线表示强调）

我们可以将这描述为浇灌或膏抹。

你不应该寻求外在的表现。你应该寻求的是圣灵来帮助你：

- 更深的经历与神的亲密关系和祂的方式。
- 借着更亲密地认识他,被祂的爱、喜乐和圣灵的果子所充盈。
- 借着在你生命中更全面的经历祂复活的能力胜过罪。
- 借着在你生命中更全面的经历祂复活的能力,更勇敢地做见证。
- 活出耶稣基督的生命和服事。
- 借着在你生命中更全面的经历祂复活的能力,为了不断地结出属灵的果子而超自然的服事。

所有这些之中,认识到圣灵的浇灌源于与神的关系与生活方式。

不要有不切实际的期待

圣灵浇灌根基不同的人和不同的境况会有所不同。在你一生与神同行的过程中，圣灵有明显的表达和释放，这将会给你的生命带来明显的改变。

- 在你的生命中极可能会有圣灵浇灌的几种表达方式的结合。
- 很多时候圣灵的浇灌是在受苦时经历,当你在神面前完全放弃自己的时候。
- 这可能包含明显的属灵的、情感的以及／或者身体的经历。

圣灵浇灌通常包含逐步稳定的释放,通过持续地在神的话语、祷告和顺服上操练。神学家格鲁登（Wayne Grudem）提出了一个比喻来说明被神的灵充满,相似于气球充满气,而与装满液体的玻璃器皿做对比。液体不能超过玻璃器皿的容量,但是不断增长的空气可以增加气球的容量。这与我们的生命是相同的:当我们不断用神的灵扩充我们生命的容量时,我们就活出了超自然的生活和神的能力不断成长。

慕迪(十九世纪被神大大使用的福音传道家)的得救后经历了圣灵直接的工作，他称之为圣灵的洗礼。他说:

"一天,在纽约市里——这是怎样的一天——我无法描述,我很少会提到这天;这几乎很难用任何一种经验来描述。保罗曾经历过一个十四年都没有提到的经验。我只能说上帝向我显示了祂自己,我如此经历了祂的爱以致于我不得不请求祂停止祂的手。我又去传道,讲道的信息没有不同;我没有宣讲新的真理,但是数百人悔改信主。即使你给我全世界,我也不愿意回到这个蒙福的经历之前。"

只有藉着圣灵你才可以活出超自然的生命,完全同时参与到属天的和自然的国度中!

预备自己被圣灵充满

被圣灵充满类似于你如何从神那里罪被赦免而得到救恩和永生——你祈求并接受。同样的,圣灵可以透过他人按手在身上而得到。我们也可以在神的支配下不由自主地得到圣灵的浇灌。

徒 19:2、6
问他们说:"你们信的时候,受了圣灵没有?"他们回答说:"没有,也未曾听见有圣灵赐下来。"保罗按手在他们头上,圣灵便降在他们身上,他们就说方言,又说预言(注:或作"又讲道")。

被圣灵浇灌主要是神的工作,然而我们也有责任要活在圣灵充满的生活中。再次, 这是人——神协作的事情,神是否工作取决于人主动承担他或她的责任时。正如热气球操作员可以 "火上加油" 用更多的空气填充气球并使它升得更高,同样你的责任是挑旺属灵的火,在你的生命中更多的释放圣灵的能力。

1. 查验你的心并为已经知道的任何罪悔改(诗139:23-24; 林后7:14; 徒3:19-20;约11:9)。
2. 重新将自己完全奉献给神(罗12:1)。
3. 承认你的需要和对神的依靠。
4. 凭信心祈求神,祂可以释放神的灵充满你并赐你能力(徒4:29-31)。
5. 凭信心接受和相信神已经应允了你的祷告,并靠此行事。为神在你生命中的工作感谢祂。

除了被神的灵充满和活在祂的能力之下,我们不想活在任何其他的生活方式中。只有借着圣灵你才可以活出超自然的生命,完全同时参与到属天的的和自然的国度中!

第三部分
认识能力和权柄

笔记：

活在神超自然的能力中是每个基督徒奇妙的权力和特权。这是耶稣的应许。早期的教会接受了并靠它行事。事实上,使徒保罗说,他为了基督的生活和服事,被证明是 "在圣灵的感化、无伪的爱心、真实的道理、神的大能"(林后 6:6-7)。

英语中 "大能" 一词是由希腊词dunamis翻译来的,意思是力量、权力,或者能力。这指的是靠着它的本性居住其内的内在的能力,可以行奇迹的能力。我们从这个词得到 "炸药" 这个单词。

然而,耶稣的生活和事工中还有另一个关键的因素。路加福音记述人们谈到他时很是惊讶,"这是什么道理呢?因为他用权柄能力吩咐污鬼,污鬼就出来。"(路4:36)。虽然耶稣是真神,但祂做为完全的人活在世上——带着神的大能。不仅如此,祂还有神的权柄。

英语的 "权柄" 一词是由希腊词exousia翻译出来的。有时它也翻译成 "大能",但是它更多指权柄的能力、权力、或特权。它也可以指政府的能力,或者一个人或机构的能力,他们的意志或者命令必须被他人顺从和遵行。

贯穿耶稣的一生,耶稣显明了能力(dunamis)和权柄(exousia)。祂抵挡了撒旦的每个诱惑。祂在每个战线上都胜过了撒旦的国度——从使人得医治到救他们脱离魔鬼的攻击。耶稣在哪里出现,撒旦就不得不逃跑!

基督的能力和权柄

基督的权柄是最终的权柄

弗 1:19–22

并知道他向我们这信的人所显的能力是何等浩大,就是照他在基督身上所运行的大能大力,使他从死里复活,叫他在天上坐在自己的右边,远超过一切执政的、掌权的、有能的、主治的和一切有名的,不但是今世的,连来世的也都超过了。又将万有服在他的脚下,使他为教会作万有之首。

- 耶稣从坟墓中出来——复活——四十天后升天了。上帝高举祂,让祂坐在自己的右边,给予能力和权柄的象征。
- 即使在现在耶稣也掌握那个权柄的位置,祂不只是坐在宇宙中心的高天之上,他也在那看不见的国度中同在。
- 耶稣是至高的权柄,在那看不见的国度中胜过所有的属灵的存在——包括撒旦。撒旦也只是被神所造的一个存在。
- 没有人或者任何东西比耶稣有更大的能力或权柄。神已经将万物置于耶稣的脚下。

耶稣在神的权柄下服事

耶稣的权柄曾经是并且现在也是高于所有的创造和受造物。祂在神圣的能力和权柄之下服事。祂也在自己的权柄里服事。耶稣从来不在神的指引和权柄之外行事。祂从来不独自决定自己会做什么,或者祂会如何做。事实上,祂甚至从来没有说过任何事,除非祂听到父神告诉祂应当说什么(约 8:26,12:49)。

耶稣降服于父神,祂所做的一切都在父神的权柄之下。正是这样祂是被圣灵"膏抹的",或者赐予能力。耶稣虽然是真正的神,但同时也是真正的人,靠着父神的权柄来服事的人。

约 5:30

我凭着自己不能做什么,我怎么听见,就怎么审判。我的审判也是公平的,因为我不求自己的意思,只求那差我来者的意思。

约 7:16

耶稣说:"我的教训不是我自己的,乃是那差我来者的。"

耶稣降服于父神,祂所做的一切都在父神的权柄之下。正是这样,祂被圣灵"膏抹",被赐予能力。

约 8:26; 28

"我有许多事讲论你们,判断你们;但那差我来的是真的,我在他那里所听见的,我就传给世人。"所以耶稣说:"你们举起人子以后,必知道我是基督,并且知道我没有一件事是凭着自己做的。我说这些话,乃是照着父所教训我的。

约 12:49–50

因为我没有凭着自己讲,惟有差我来的父,已经给我命令,叫我说什么,讲什么。我也知道他的命令就是永生。故此,我所讲的话正是照着父对我所说的。

因为耶稣在权柄之下服事,他可以在更大的权柄中服事。关键是我们也要学习在权柄中生活和行事——降服于神和祂放在我们生命中的权柄——这样神的能力就可以在我们里面并通过我们运行,我们就可以像耶稣一样活在神圣的能力之中。

执行耶稣的事工必须需要耶稣的权柄和能力

要想真正地"活出自由"——并且可以真正地在地上完成耶稣的服事,按着祂和早期教会所做的方式——要求我们接受并进入神的能力和神的权柄。作为相信耶稣基督的跟随者,我们将发现要成为我们本来是的,按着我们要生活的方式而活,并且要做我们要做的,需要神超自然的能力运行在我们的生命中。

这是为什么"耶稣叫齐了十二个门徒,给他们能力、权柄,制伏一切的鬼,医治各样的病"(路9:1)。这是为什么当耶稣从死里复活后准备回到天上时,祂告诉门徒等待直等到圣灵来临,并要用从天而来的神的能力充满他们。

路 24:49

我要将我父所应许的降在你们身上,你们要在城里等候,直到你们领受从上头来的能力。

徒 1:8

但圣灵降临在你们身上,你们就必得着能力;并要在耶路撒冷、犹太全地和撒马利亚,直到地极,作我的见证。

圣经非常清楚。上帝已经将基督的权柄赐给我们——祂的门徒们。

能力和权柄之间的区别

在神的权柄和神的能力之前有显著的区别,虽然它们是不可分割地相互影响着。那些观察耶稣在同时权柄和能力之下行事的人可以认出这个区别。基督给了祂的门徒胜过魔鬼和疾病的权柄和能力。

路 4:36

众人都惊讶,彼此对问说:"这是什么道理呢?因为他用权柄能力吩咐污鬼,污鬼就出来。"

路 9:1

耶稣叫齐了十二个门徒,给他们能力、权柄,制伏一切的鬼,医治各样的病。

1. 权柄是治理的权力。
2. 能力是治理的能力。

权柄

权柄基于一个人所在的位置,这给人权利在命定的权柄的限制和范围内治理。比如,警察在特定的领域内有权柄,这个权柄由管制的民事权利机构授权和界定。然而,他在其他领域里却没有权柄来治理人。他不能长驱直入军事重地的军队总部,并指挥那里的士兵。

圣经非常清楚。神已经将基督的权柄赐给我们,祂的门徒们,在祂已经为我们建立起来的范围和界限内,来执行和扩展祂国度的事工。

能力

能力是一个人拥有操练神的权柄的能力。换句话说,神的能力与一个人的能力有关,这个能力来执行属于每个基督徒固有的权柄。如果说权柄是绝对的,是由于我们在救恩里与耶稣基督联合的地位,那么在信徒的生命中运行的能力是相对的。正如我们将很快看到的,罪和营垒会损害一个基督徒里面神的能力。

比如说,圣经指出不信、恐惧、骄傲、自卑和还有很多这样的罪和营垒会减弱释放在神百姓身上的神的能力。即使耶稣也因着他们的不信,没有在拿撒勒行很多超自然的事情(可 6:6)。

耶稣赐给我们祂的权柄

圣经告诉我们,我们过去在地狱、撒旦和他的仆从的统治之下,被我们有罪的肉体所掌管和被这个世界体系所影响(参看弗2:1—3)。耶稣来拯救我们脱离了撒旦的权势(能力和权柄),并将我们带入祂的国度。这难以置信的福音性转变的奇妙的房角石,耶稣不仅救我们脱离撒旦的权势,把我们带入祂的国度之中,而且祂洁净我们并让我们与祂一同坐在高天之上!这意味着父神给耶稣的权柄已经赐给了我们!

弗 2:4-6
然而神既有丰富的怜悯,因他爱我们的大爱,当我们死在过犯中的时候,便叫我们与基督一同活过来(你们得救是本乎恩)。他又叫我们与基督耶稣一同复活,一同坐在天上。

耶稣掌管着整个属灵的国度,坐在至高的宝座上——我们与祂一同在天治理掌管并共享祂的权柄。这是一个当下的事实,并不是只有在将来才能实现的。我们当下在耶稣基督里拥有天空中各样属灵的福气(弗 1:3)。

路 10:1, 17-19
这事以后,主又设立七十个人,差遣他们两个两个地在他前面,往自己所要到的各城、各地方去...那七十个人欢欢喜喜地回来,说:"主啊!因你的名,就是鬼也服了我们。"耶稣对他们说:"我曾看见撒但从天上坠落,像闪电一样。我已经给你们权柄可以践踏蛇和蝎子,又胜过仇敌一切的能力,断没有什么能害你们。

所有的信徒都接受了耶稣的权柄

耶稣赐给祂的门徒们的能力和权柄不是只给他们的——也是给我们的。耶稣告诉门徒们,"我实实在在地告诉你们:我所做的事,信我的人也要做;并且要做比这更大的事,因为我往父那里去。"(约14:12,增加了强调)。耶稣并不打算我们来让祂自己做所有的宣告和在地上建立神国度的工作。祂也并没有打算让权柄和事工随着第一世纪的门徒消失。祂完全地想要让祂所有的跟随者来共享祂的能力和权柄!

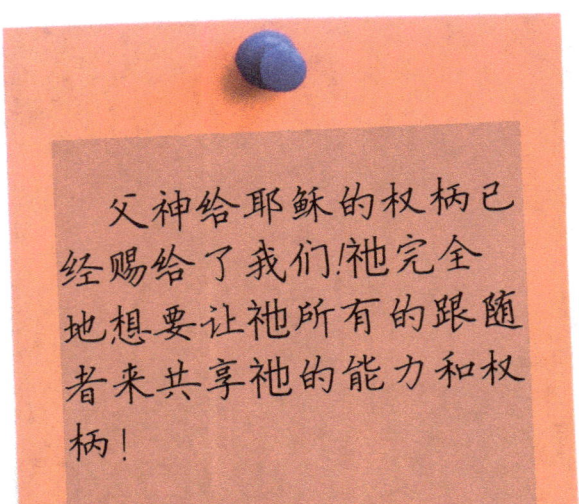

父神给耶稣的权柄已经赐给了我们!祂完全地想要让祂所有的跟随者来共享祂的能力和权柄!

太 28:18-20

耶稣进前来,对他们说:"天上地下所有的权柄都赐给我了。所以,你们要去,使万民作我的门徒,奉父、子、圣灵的名给他们施洗(注:或作"给他们施洗,归于父、子、圣灵的名")。凡我所吩咐你们的,都教训他们遵守,我就常与你们同在,直到世界的末了。"

约 17:18, 20-21

你怎样差我到世上,我也照样差他们到世上。我不但为这些人祈求,也为那些因他们的话信我的人祈求,使他们都合而为一。正如你父在我里面,我在你里面,使他们也在我们里面,叫世人可以信你差了我来。

弗 1:19-22; 2:6

并知道他向我们这信的人所显的能力是何等浩大,就是照他在基督身上所运行的大能大力,使他从死里复活,叫他在天上坐在自己的右边,远超过一切执政的、掌权的、有能的、主治的和一切有名的,不但是今世的,连来世的也都超过了。又将万有服在他的脚下,使他为教会作万有之首。他又叫我们与基督耶稣一同复活,一同坐在天上。

雅 5:17-18

以利亚与我们是一样性情的人,他恳切祷告,求不要下雨,雨就三年零六个月不下在地上。他又祷告,天就降下雨来,地也生出土产。

我们在得救时就得到了这些权柄

基督徒得救时便与基督一同坐席

耶稣掌管着天空的一切,坐在至高的宝座上,并且我们与祂一同治理掌管(弗1:20-21,2:6)。我们在高空中共享耶稣自己的权柄。我们现在向天上执政的、掌权的"宣扬神百般的智慧"(弗3:10);就是说,我们有权利和责任来行使神的权柄,正如政府的检察官担任代表来执行它的律法和界限。

西 2:9-10

因为神本性一切的丰盛,都有形有体地居住在基督里面,你们在他里面也得了丰盛。他是各样执政掌权者的元首。

西 2:13–15
你们从前在过犯和未受割礼的肉体中死了,神赦免了你们(注:或作"我们")一切过犯,便叫你们与基督一同活过来;又涂抹了在律例上所写攻击我们、有碍于我们的字据,把它撤去,钉在十字架上。既将一切执政的、掌权的掳来,明显 给众人看,就仗着十字架夸胜。

"活出自由"意味着从撒旦的权势和能力之下得自由,并被释放在神的能力和权柄之下生活和行事。我们怎么才可以做到这样呢?我们借着在耶稣基督里的地位——和与祂的个人关系——做到。作为信徒,我们必须要开始认识和经常地使用耶稣基督的能力和权柄,这个能力和权柄属于我们并居住在我们里面。

只有一种方式可以得到并活在上帝的权柄和能力之中——进入一种与耶稣基督的救赎性的救恩之中。另一种说法是,在耶稣基督里并借着耶稣基督你的罪被赦免而得到的救恩,让你可以进入祂的权柄之中。

你是否已经接受耶稣基督进入你的生命而带来了属灵的改变,并且使你与神隔绝的罪已经被赦免了呢?花些时间回到手册中第一部分,再次回顾那里的基本真理。它们可以帮助你认识如何确定借着耶稣基督与神有得救的关系。我们无论听到这些真理多少次,也决不会过多!

非信徒		信徒	
耶稣	弗1:22	耶稣	弗1:22
		信徒	弗2:6
撒旦	弗2:2	撒旦	弗2:2
灵	路13:11	灵	路13:11
人类	创1:26	人类	创1:26
动物	诗8:6–8	动物	诗8:6–8

这代表着世界上的属灵权柄的结构。注意当一个人成为基督徒,他或她在权柄的阶梯上重新迁移,直接在耶稣基督之下。

彼后 1:12-15

你们虽然晓得这些事,并且在你们已有的真道上坚固,我却要将这些事常常提醒你们。我以为应当趁我还在这帐棚的时候提醒你们,激发你们。因为知道我脱离这帐棚的时候快到了,正如我们主耶稣基督所指示我的。并且我要尽心竭力,使你们在我去世以后时常记念这些事。

如果你凭着真诚的信心祷告来接受耶稣基督在你生命中的工作,你可以确信你属灵的转变已经发生了。神乐意饶恕人并将永生赐给人。

罗 10:13

因为"凡求告主名的,就必得救。"

林后 5:17

若有人在基督里,他就是新造的人,旧事已过,都变成新的了。

得救时你就已经有了基督的完全

耶稣基督居住在你里面

使徒保罗在他的书信中至少 86 次使用"在基督里"这个词。你已经成为在基督里新造的人(林后5:21),这是基督居住在你里面的事实。祂借着圣灵居住在你里面。这不只是一个神学上的概念或者神秘的象征主义——这是一个事实!借着耶稣基督在你里面的同在,你有了新的身份和新的本性。它们是神圣的和超自然的。当你得救时基督里的一切都已经赐给你了。

加 2:20

我已经与基督同钉十字架,现在活着的不再是我,乃是基督在我里面活着;并且我如今在肉身活着,是因信神的儿子而活,他是爱我,为我舍己。

西 1:27

神愿意叫他们知道,这奥秘在外邦人中有何等丰盛的荣耀,就是基督在你们心里成了有荣耀的盼望。

你在基督里是完全的

圣经中说"在基督里"我们有天上各样属灵的福气(弗1:3)。同样地,它们清楚的说明基督徒在耶稣基督里并透过耶稣基督已经得到了神的完全,正如耶稣基督在祂的肉身之中有神的完全。

藉着耶稣基督在你里面的同在,你有了新的身份和新的本性。它们是神圣的和超自然的。当你得救时基督里的一切都已经赐给你了。

西 2:9-10

因为神本性一切的丰盛，都有形有体地居住在基督里面，你们在他里面也得了丰盛。他是各样执政掌权者的元首。

翻译成"丰盛"的英语词来自于希腊词pleroma。它的意思是"完完全全的:充分的、不缺乏任何东西、完美的、齐全、完成的。"在我们里面的基督已经赐给我们一切所需要的超自然的资源、祝福和产业,从而让我们活得像基督!

耶稣基督的荣耀居住在你里面

我们在圣经中看到神多次显现祂的荣耀。比如在西乃山,当以色列人见到电闪雷鸣和地震时,神彰显了荣耀(出 19)。当摩西在会幕中无法承受神的同在时,我们看到类似的情况(出 40),或者当祭司因着神显明的荣耀无法在圣殿里站立时(志下 7:1-2)。当以赛亚见到上帝一部分的荣耀时,经历了一次彻底的垮台(赛 6)。并且谁能忘记雅各、彼得和约翰在山上看到耶稣变相时难忘的经历(路 9)。在每个记述中,每个参与其中的人都被神所彰显的荣耀压倒。

令人惊奇地，圣经清楚地说明所有的基督徒在我们的肉身中有同样的荣耀。再次,这不只是一个神学上的概念,而是一个满有能力的事实。

林后 4:4,6,7

此等不信之人,被这世界的神弄瞎了心眼,不叫基督荣耀福音的光照着他们。基督本是神的像...那吩咐光从黑暗里照出来的神,已经照在我们心里,叫我们得知神荣耀的光,显在耶稣基督的面上。我们有这宝贝放在瓦器里,要显明这莫大的能力,是出于神,不是出于我们。

你在神的爱里全然安全

神并不是让我们像充电完全的工具一样来服事!我们是祂的孩子,被祂所爱慕。而且,因为我们与耶稣基督合而为一。神爱我们如同爱祂的儿子耶稣基督一般。

约 17:21-23

使他们都合而为一。正如你父在我里面,我在你里面,使他们也在我们里面,叫世人可以信你差了我来。你所赐给我的荣耀,我已赐给他们,使他们合而为一,像我们合而为一。我在他们里面,你在我里面,使他们完完全全地合而为一,叫世人知道你差了我来,也知道你爱他们如同爱我一样。

使徒保罗知道,我们不断地经历神的生命和能力的完全,是与我们在神的爱里有安全感密切相关的(成正比的)。

弗 3:18–20
能以和众圣徒一同明白基督的爱是何等长阔高深!并知道这爱是过于人所能测度的,<u>便叫神一切所充满的,充满了你们</u>。神能照着运行在我们心里的大力,充充足足地成就一切,超过我们所求所想的。(下划线代表强调)

我们在战争之中,并且不能忽略我们的仇敌。神已经给了我们大能的武器来击败他们。

(林后 10:4)

神对我们的爱不会比祂今天对我们的爱更多,但是我们可以越来越认识和经历祂的大爱。

得救时你就进入了争战之中

作为基督徒,当我们被提升并与基督同坐在高天时,我们就进入了宇宙大战——在神的国度和撒旦的国度之间的战争中带权柄和责任的位置。我们必须记得,这些国度并不是势均力敌的。这场战争是由于路西弗(现在是撒旦)的悖逆引起的,是更低的能力反抗更高能力的叛乱。神仍然是至终掌权的。

尽管如此,我们周围仍然兴起很多属灵的争战,这些是我们在物质的世界会经历的争战。为了胜利,并完成神在地上为我们的计划和旨意,我们必须学会使用神所赐的大能和属灵的武器,运用我们的权柄来参与天上的战争。我们需要夺回仇敌从人们的生命中和世界中偷走的领土,由此来掠夺撒旦在地上的国度。这是我们在地上要做的——扩展耶稣的事工和国度。耶稣的生命和服事是我们应当如何生活和教会今日应当如何运行的榜样。

• 我们必须使用我们的武器,运用我们的权柄,并且参与天上的争战。
• 我们有基督的权柄;仇敌无法直接地站立反抗我们。
• 撒旦可以用的武器是撒谎、偷窃、欺骗、恐吓和使人恐惧。他没有能力可以对抗神的孩子,就是那些站在公义、圣洁和基督的权柄之中的人。

圣经,耶稣基督的委托,和我们所在的这个时代都要求我们注意基督的生命和事工的这个方面。我们无法忽略或排斥基督生命的这个方面。

我们在战争之中,并且不能忽略我们的仇敌。神已经给了我们大能的武器来击败他们(林后10:4)。正如耶稣所做的,我们必须坚决地斥责和驱逐出我们日常生活中遇到的邪灵的具体的攻击、营垒、罪和试探。

结论

这本手册的目的是要给你真正的"活出自由"的真理。这包括恢复上帝最初为祂的百姓设计的属灵权柄。它包括学习如何有效和有能力地使用神在耶稣基督里给你的权柄,来处理邪灵试图对抗你而对你的攻击和折磨。你可以像耶稣和使徒那样斥责和抵抗他们。耶稣用真理"因为那在你们里面的(耶稣基督借着圣灵),比那在世界上的更大(撒旦和他的仆役)"来鼓励我们(约壹 4:4)。

你可以确信,如果你已经接受耶稣基督作你的救主和生命的主,你属灵的转变已经开始了。地位上,你与祂一同坐在天上——你分享着祂的能力和权柄。你已经与祂建立了关系,因此你可以听到祂的声音,知道祂想让你如何和在哪里运用权柄——借着祂写下的话,圣经和祂在你祷告中向你启示的话语。

如果你是耶稣基督的跟随者,你就是祂的继承者。你现在有耶稣基督居住在你里面的权柄和能力。心中记住这个事实,现在可以开始纠正仇敌从你个人那里偷走了什么。现在是时间来运用神给你的权柄胜过仇敌的时候了,并且继续神在你生命中的工作!

运用你的权柄

你可以分辨出生命中哪些与神国度的价值观,以及祂本来设计生命——完全和丰盛,不一致的地方吗?常常沮丧、反对或者矛盾只是仇敌的诡计或活动。他们可能是试探、惧怕、或者对于神、你自己或者他人与神的真理不一致的想法。它们可能包含不必要的和残酷的疾病。它们也可能包含你的孩子有噩梦或者任何其它的困难,或你仅仅只是妥协,认为生命必须就是这样的令人不舒服的环境。

雅4:7应许我们,如果我们"抵抗"仇敌,他必要离开我们逃跑了。它没有说如果我们"忽略"仇敌,他将逃跑!击破任何的被动和人本主义的理性主义,正是它们使你无法占用(和使用)神提供给你的资源。开始运用你在耶稣基督里的权柄和能力!

雅4:7应许我们,如果我们"抵抗"仇敌,他必要离开我们逃跑了。它没有说如果我们"忽略"仇敌,他将逃跑!

第四部分
营垒及其形成过程

笔记:

认识营垒

每个得救超过五分钟的信徒都知道,基督徒仍然会继续犯罪。我们谁能脱离和使徒保罗一样令人苦恼的挣扎呢?

"我也知道在我里头,就是我肉体之中,没有良善。因为立志为善由得我,只是行出来由不得我。故此,我所愿意的善,我反不做;我所不愿意的恶,我倒去做。若我去做所不愿意做的,就不是我做的,乃是住在我里头的罪做的。我觉得有个律,就是我愿意为善的时候,便有恶与我同在。因为按着我里面的意思(注:原文作"人"),我是喜欢神的律;但我觉得肢体中另有个律和我心中的律交战,把我掳去,叫我附从那肢体中犯罪的律。我真是苦啊!谁能救我脱离这取死的身体呢?感谢神!靠着我们的主耶稣基督就能脱离了。这样看来,我以内心顺服神的律,我肉体却顺服罪的律了。" (罗 7:18-25)

所以,如果在耶稣里的信心"将我们释放",那么为什么那些爱神的真诚的信徒仍然在不断缠累的罪、性欲的思想、骄傲、沮丧、恐惧、怒气和其它不敬虔的态度和行为中挣扎呢?难道信徒得救时不能立刻从罪的捆绑中脱离出来吗?经验告诉我们——是的,不能!

保罗在给哥林多教会信徒的信中继续描述了我们的心思意念(和我们的生命)如何成为罪的奴仆,以及我们如何借着耶稣基督得自由:

林后 10:3-5

因为我们虽然在血气中行事,却不凭着血气争战。我们争战的兵器,本不是属血气的,乃是在神面前有能力,可以攻破坚固的营垒,将各样的计谋,各样拦阻人认识神的那些自高之事一概攻破了,又将人所有的心意夺回,使他都顺服基督(下划线表示强调)。

林后 10:3-5

因为我们虽然在血气中行事,却不凭着血气争战。我们争战的兵器,本不是属血气的,乃是在神面前有能力,可以攻破坚固的要塞据点,将各样的计谋,各样拦阻人认识神的那些自高之事一概攻破了,又将人所有的心意夺回,使他都顺服基督(下划线表示强调)。

圣经在这里告诉我们,我们会被错误的思想捆绑。我们被坚固的营垒所监禁。

什么是营垒?

实例:沙特尔（Carnuntum）

- 科学家使用雷达已经发现了第一世纪罗马军营的中心。沙特尔是帝国在阿尔卑斯山以北最有战略意义的营垒。
- 计算机分析显明了一个遍满饭店,小旅馆、洗浴和会议中心的密集网络。在第二世纪的末期,它最顶峰的时刻,沙特尔大约住了50,000人。

什么是属灵的营垒?
(参考林后 10:3-5):

- "营垒"是与神的真理相悖的思想、信念、哲学、态度和价值观。这个真理可以是关于神,关于神如何看待人(尤其是"你"),有关耶稣基督(祂为你成就了什么以及祂如何为你而活),你是谁,你拥有什么,应当怎样生活,或关于什么会真正地带来完全和自由,什么会带来捆绑、毁坏和灭亡。
- 营垒是理智的力量,"积累起来"反对神的知识。它们是哲学、思想体系,和世界观,傲慢地否认和不尊重父神的位格、品格,命令,话语和爱。
- 它们是撒旦策略的一部分,欺骗个人、夫妻、家庭、教会、团体、文化、机构、组织,甚至整个民族来相信并看重这些与神的真理不符的东西。撒旦从一开始就试图欺骗我们来否认上帝的真理!
- 营垒是撒旦的力量操控的**行动据点**。在这样的营垒中撒旦国度的价值观已经扎根并影响着人们和他们周围人的生命。

笔记:

"营垒"是与神的真理相悖的思想、信念、哲学、态度和价值观。

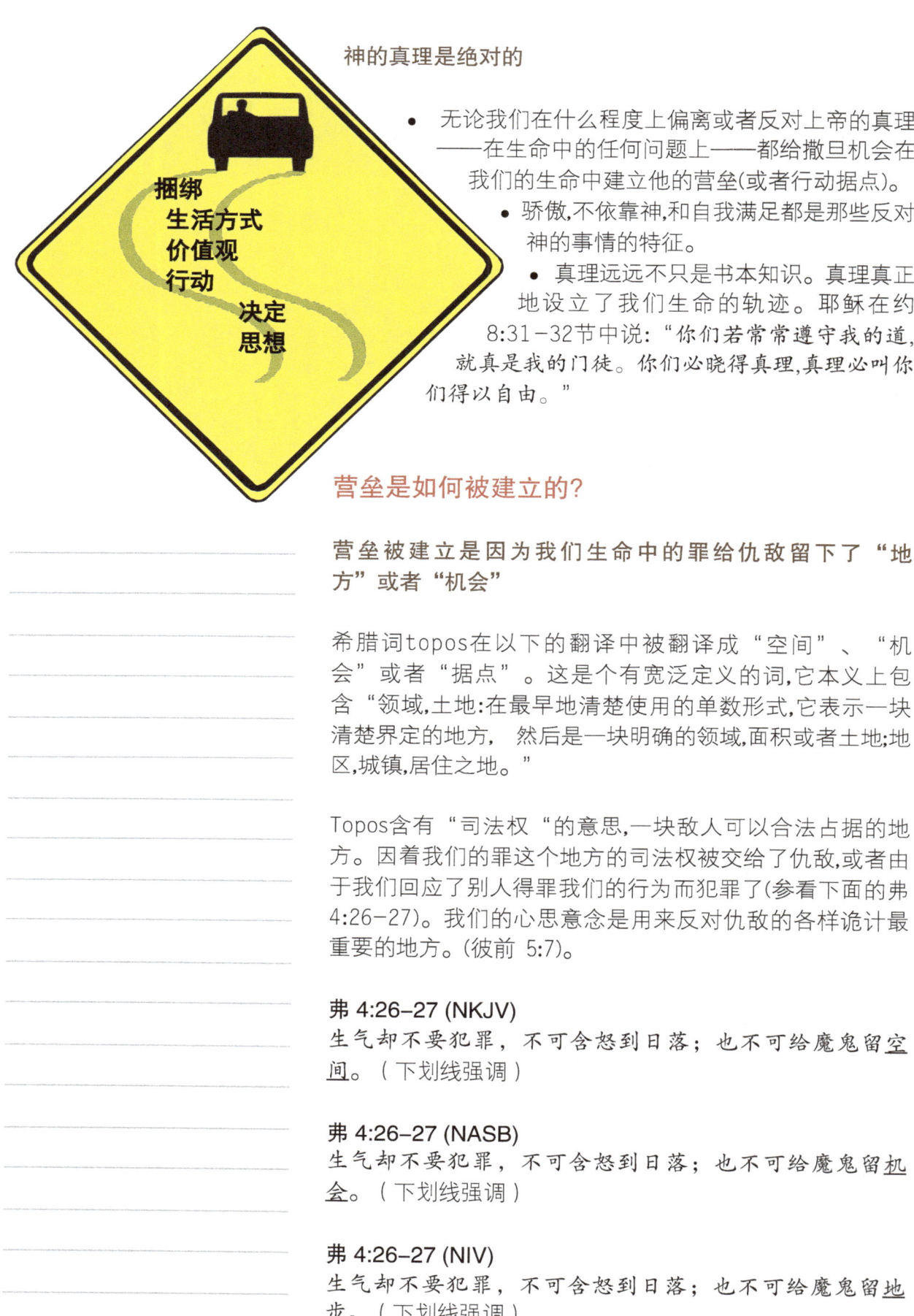

神的真理是绝对的

- 无论我们在什么程度上偏离或者反对上帝的真理——在生命中的任何问题上——都给撒旦机会在我们的生命中建立他的营垒(或者行动据点)。

- 骄傲,不依靠神,和自我满足都是那些反对神的事情的特征。

- 真理远远不只是书本知识。真理真正地设立了我们生命的轨迹。耶稣在约8:31-32节中说:"你们若常常遵守我的道,就真是我的门徒。你们必晓得真理,真理必叫你们得以自由。"

捆绑
生活方式
价值观
行动
决定
思想

营垒是如何被建立的?

营垒被建立是因为我们生命中的罪给仇敌留下了"地方"或者"机会"

希腊词topos在以下的翻译中被翻译成"空间"、"机会"或者"据点"。这是个有宽泛定义的词,它本义上包含"领域,土地:在最早地清楚使用的单数形式,它表示一块清楚界定的地方, 然后是一块明确的领域,面积或者土地;地区,城镇,居住之地。"

Topos含有"司法权"的意思,一块敌人可以合法占据的地方。因着我们的罪这个地方的司法权被交给了仇敌,或者由于我们回应了别人得罪我们的行为而犯罪了(参看下面的弗4:26-27)。我们的心思意念是用来反对仇敌的各样诡计最重要的地方。(彼前 5:7)。

弗 4:26-27 (NKJV)
生气却不要犯罪,不可含怒到日落;也不可给魔鬼留<u>空间</u>。(下划线强调)

弗 4:26-27 (NASB)
生气却不要犯罪,不可含怒到日落;也不可给魔鬼留<u>机会</u>。(下划线强调)

弗 4:26-27 (NIV)
生气却不要犯罪,不可含怒到日落;也不可给魔鬼留<u>地步</u>。(下划线强调)

营垒建立的过程

· 即使有信心的耶稣基督的跟随者已经属于上帝,他们仍然会因为没有承认和没有悔改的罪而在生命中给撒旦留下了地步或司法权。

· 撒旦的营垒架构从我们的思想开始。这是为什么保罗说信徒的转变要从更新我们的心思意念 开始。

罗 12:2
不要效法这个世界,只要心意更新而变化,叫你们察验何为神的善良、纯全、可喜悦的旨意。

· 通过你的思想作出决定;决定成为行动,行动很快成为你生命的价值观。这些价值观开始界 定你是谁,然后成为你的生活方式。

· 逐渐地,你的想法和生活方式会开始脱离神的真理。那时你可能会发现自己在各种程度的捆绑之下,因为撒旦通过你给他的这些地方的司法权在你的生命中建立了他的营垒。

组成营垒的成分

下页的图表显示了圣经的例子,表明了罪和撒旦国度之间的直接联系。这不是说我们有罪的肉体在犯罪上没有责任。我们,在身内或身外,都有犯罪的倾向。当我们为自己在世上的生活向神交账时,在已担当了我们罪的刑罚的基督的审判席上,魔鬼并不会站在我们的旁边,这是我们的责任和我们自己要承担的。

虽然这样说,但是撒旦的国度积极地参与在试探中,并竭力让人犯罪。魔鬼寻找每个机会或者权限用他们邪恶的骗术来攻击你!花一些时间看看这个图表的内容,同时也要注意圣经中显明这项真理的其他地方。

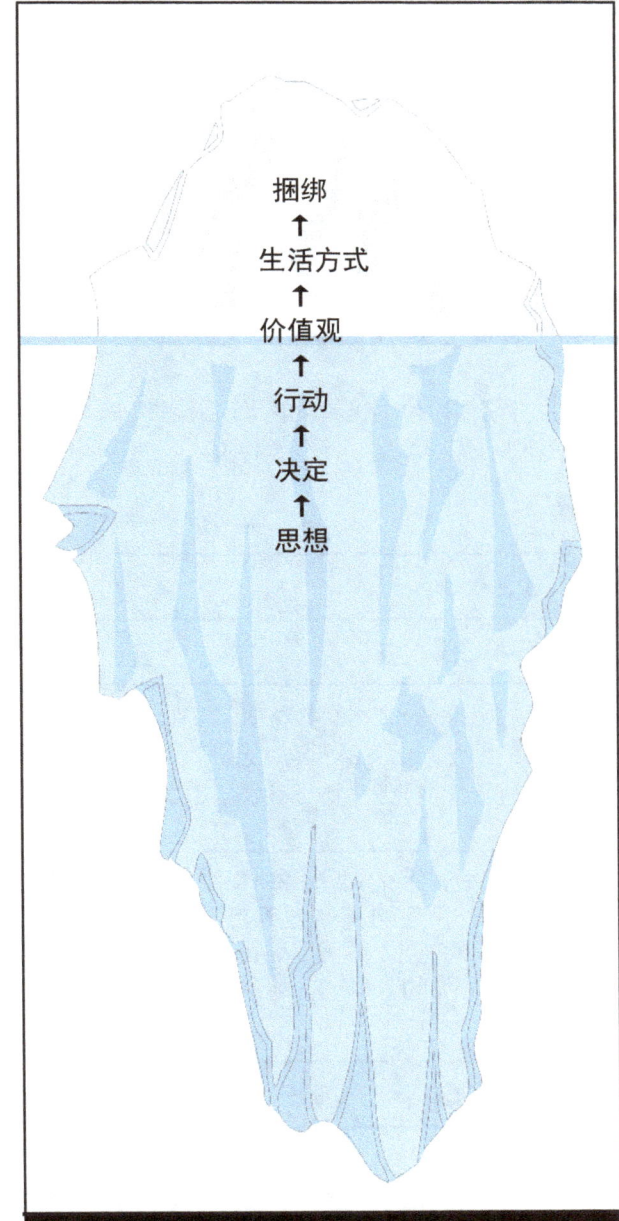

捆绑
↑
生活方式
↑
价值观
↑
行动
↑
决定
↑
思想

如果将上面的图表看作冰山,便可以看到行为只是"冰山一角"。它们是我们所看到的——我们如此渴望从中得释放的捆绑和想要脱离的被缠绕的罪。然而,那些东西已经更深地、更广地扎根在我们生命中的"水位线"以下。它们开始于我们最内在的思想。

《圣经》的教导	魔鬼建立营垒的入口
弗 4:26–27 ... 不可给魔鬼留地步。	愤怒
提后 2:24–26	任何对上帝真理的反对
来 2:14–15 ...儿女既同有血肉之体,他也照样亲自成了血肉之体,特要藉着死,败坏那掌死权的,就是魔鬼,并要释放那些一生因怕死而为奴仆的人。 提后 1:7 因为神赐给我们不是胆怯的心,乃是刚强、仁爱、谨守的心。	惧怕
太 16:23	短暂的以人为中心的追求
路 9:54–56	自以为义的谴责
徒 5:3 彼得说:"亚拿尼亚,为什么撒但充满了你的心,叫你欺哄圣灵,把田地的价银私自留下几分呢?"	伪善、贪婪、谎言
雅 3:14–15 你们心里若怀着苦毒的嫉妒和纷争,就不可自夸,也不可说谎话抵挡真道。这样的智慧不是从上头来的,乃是属地的,属情欲的、属鬼魔的。	苦毒的嫉妒,自私的野心
约 8:43–45	谎言
林后 2:10–11	不宽恕
弗 2:1–2	随从今世的风俗
林前 10:20–21	拜偶像
提前 5:13–15 并且她们又习惯懒惰,挨家闲游...又说长道短,好管闲事... 因为已经有转去随从撒但的。	闲散 、懒惰、说长道短、好管闲事
提前 6:9	贪不义之财、物质主义
提前 1:19–20	被玷污的良心
林前 5:1–5	性不道德、不悔改
提后 3:5; 林后 11:13–15; 徒 5:1–3	假宗教、宗教的灵,假敬虔、地位、认可

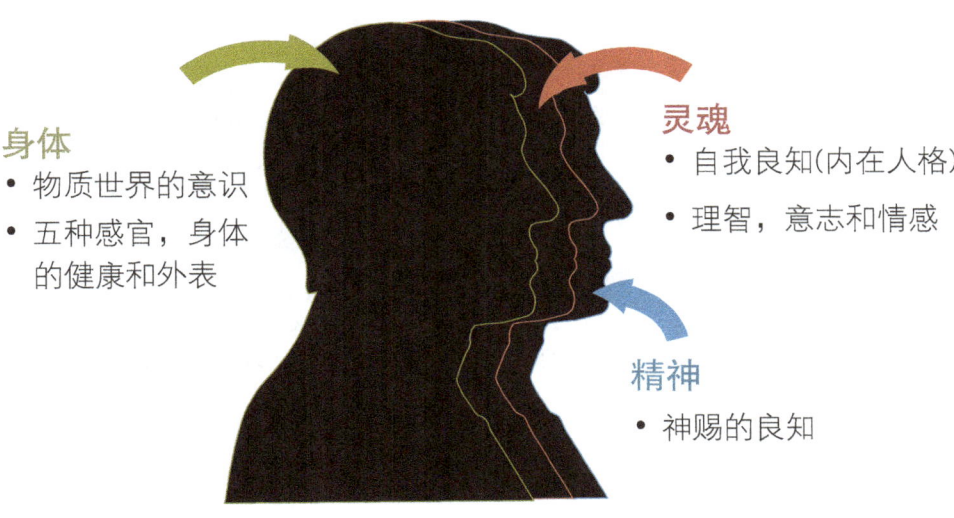

身体
- 物质世界的意识
- 五种感官，身体的健康和外表

灵魂
- 自我良知(内在人格)
- 理智，意志和情感

精神
- 神赐的良知

认识人的组成和营垒如何在生命中被建立起来

人是三部分的组成体

人由三部分组成—体、魂和灵

帖前 5:23
愿赐平安的神亲自使你们全然成圣。又愿你们的灵与魂与身子得蒙保守,在我主耶稣基督降临的时候,完全无可指摘。(下划线表示强调)

来 4:12
神的道是活泼的,是有功效的,比一切两刃的剑更快,甚至魂与灵、骨节与骨髓,都能刺入、剖开,连心中的思念和主意都能辨明。(下划线表示强调)

这种区分对我们理解魔鬼如何与人交互是必要的。他们如何影响信徒呢?

接下来的图表描述了圣经中人的三部分组成,和每部分的特征:

1. 身体
   - 物质世界的意识
   - 五种感官,身体健康和外表
2. 灵魂
   - 自我良知(内在的人)
   - 理智、意志、情感
3. 精神
   - 神赐的良知

"世界"是这个物质的世界运转的体系或秩序。它体现在人们使用的哲学、价值观和世界观中。有秩序的世界体系在每个方面都反对神。

人类和易受恶魔的影响性

堕落的人的灵对上帝和祂的刺激(如祂的作为、祂的同在,祂的声音)在属灵上已经死亡了。不管如何,一旦人重生后,人的灵在耶稣基督里活过来并有了保障。

弗 2:1, 6
你们死在过犯罪恶之中,他叫你们活过来,．．．他又叫我们与基督耶稣一同复活,一同坐在天上(借着恩典你已经被拯救了)。

多 3:5
他便救了我们,并不是因我们自己所行的义,乃是照他的怜悯,藉着重生的洗和圣灵的更新。

人的魂是仇敌建立营垒的首要目标。意志、理智和情感是仇敌渴望损害的关键领域和首要的竞技场。

人的身体很容易受仇敌的攻击,并引起身体的疾病或软弱。有时身体问题只是生理的问题,因为我们生活在一个会朽坏的身体之中。然而,很多圣经和实际经验证明了身体的疾病可能是出于恶魔的攻击。

认识基督徒的三个战场

三个战场是世界、肉体和撒旦的国度。

世界不仅仅只是地球和空气、水和空间;它是一个体系或秩序。撒旦掌管着这个本质上反对神的世界秩序或体系。

"世界"是这个物质的世界运转的体系或秩序。它体现在人们使用的哲学、价值观和世界观中。有秩序的世界体系在每个方面都反对神,可以在世界的消遣娱乐中、世界的生活哲学中、动机中,为什么生活和应该活出怎样的目标中看到这样的价值观。

约 12:31

现在这世界受审判,这世界的王要被赶出去。

雅 4:4

你们这些淫乱的人哪(注:"淫乱的人"原文作"淫妇"),岂不知与世俗为友就是与神为敌吗?所以凡想要与世俗为友的,就是与神为敌了。

"肉体" 是人悖逆神和祂的道路的有罪的本性。正如世界体系反对神一样,人的肉体也是如此。"肉体"悖逆神。撒旦使用世界体系的贪欲和人文主义的骄傲唤起对神的价值观和真理的背叛,产生了犯罪的态度和行为。

罗 8:5-7

因为随从肉体的人,体贴肉体的事;随从圣灵的人,体贴圣灵的事。体贴肉体的就是死;体贴圣灵的乃是生命平安。原来体贴肉体的,就是与神为仇,因为不服神的律法,也是不能服。

加 5:16-17

我说:你们当顺着圣灵而行,就不放纵肉体的情欲了。因为情欲和圣灵相争,圣灵和情欲相争,这两个是彼此相敌,使你们不能做所愿意做的。

"撒旦的国度" 极力反对神和祂所有的创造物,包括人类。撒旦的势力渴望试探、引诱、压制和折磨神的百姓。祂极力引诱人犯罪来亵渎神,折磨人们,摧毁他们并最终带来死亡。耶稣极力坚持不懈地和强烈有力地要将人类从恶魔的作为中释放活出自由。

路 6:17-19

耶稣和他们下了山,站在一块平地上;同站的有许多门徒,又有许多百姓,从犹太全地和耶路撒冷,并推罗、西顿的海边来,都要听他讲道,又指望医治他们的病;还有被污鬼缠磨的,也得了医治。众人都想要摸他,因为有能力从他身上发出来,医好了他们。

耶稣极力坚持不懈地和强烈有力地要将人类从恶魔的作为中释放活出自由。

弗2:1-3总结了在归向基督的救恩之前人的生活中三个争战战场的接口：

弗 2:1-3
你们死在过犯罪恶之中,他叫你们活过来。那时,你们在其中行事为人,<u>随从今世的风俗,顺服空中掌权者的首领</u>,就是现今在悖逆之子心中运行的邪灵。我们从前也都在他们中间,<u>放纵肉体的私欲</u>,随着肉体和心中所喜好的去行,本为可怒之子,和别人一样。(下划线表示强调)

保罗清楚地说明我们最根本的争战不是与属肉体的或血气的争战,而是与那些要用我们的肉体和世界体系来攻击并与我们争战的恶魔争战。

弗 6:12
因我们并不是与属血气的争战,乃是与那些执政的、掌权的、管辖这幽暗世界的,以及天空属灵气的恶魔争战(注:两"争战"原文都作"摔跤")。

三股绳子

想像与灵魂的仇敌最根本的争战仿佛三股绳子。为了服务这股捆绑我们的"绳",基督徒必须反对这三股而不是单独的一股：

第一股:世界
用神的真理来发现和弃绝这个世界体系的谎言。

第二股:肉体
在你的生命中通过顺服神的话语、品格和圣灵,操练真理来治死有罪的肉体。

第三股:撒旦的国度
为了真正的胜利和从他的营垒中得自由，直接胜过撒旦和他的仆役,这样你才可以真正的"活出自由"。

根和果子

生命中属灵的营垒的表现有时像长在树上的坏果子——在我们生命中最根本的土壤中深深扎根 的果子。如果我们只是试图解决我们生活中明显地表面行为模式,为此悔改并努力活出不同, 这很像修剪枝子并摘下那些不想要的"果子"。

然而,这些"果子"一般会再长出来——通常很快,不管我们多么的努力。要想一劳永逸地解决掉这个果子,我们需要处理这个果子的"根"。

这个比喻,正如下图解释,代表了人类自己的努力要除去持续的罪和不敬虔的形为和态度,它们阻止了我们活在神对我们计划的生命中,也阻止我们的生命更像耶稣基督。

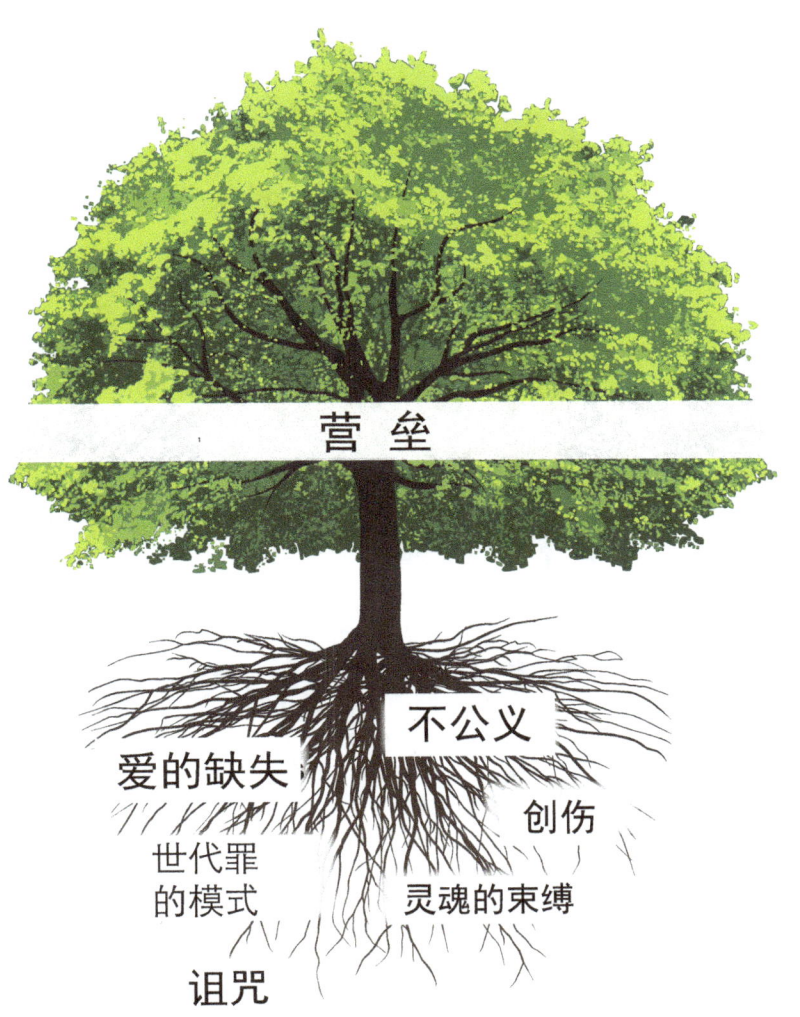

营垒的"根"(例如原因而不是表征)通常是以下生活中问题的结果:

- 不公义
- 爱的缺失
- 创伤
- 世代罪的模式
- 灵魂的束缚
- 诅咒

现在,我们要来处理根的罪,如不公义、创伤和爱的缺失。(我们将在这个手册的第六部分更仔细地检查世代的罪、灵魂的束缚和咒诅的根。)

不公义和创伤带来的营垒

不公义的定义

不公义最佳的定义是受到无缘无故的或本不当得的伤害或创伤,这些伤害以拒绝、抛弃和/或苦难的方式出现。被影响的人没有做任何事情应当受到这样的遭遇,也不能寻求帮助。换句话说,过去的境况造成了今日的困境并且永远无法改变。

不公义或创伤的类型

悲剧性地,不公义和创伤有多种形式。下面这些只是一些简略的列表:

- 事故/伤害/疾病/死亡
- 外遇/离婚/分离
- 被父母一方抛弃
- 过高的期待
- 对兄弟姐妹的偏爱
- 言语/情感/身体/性/属灵的虐待
- 家庭中的吸毒/酒精/色情
- 压力的、暴力或操控的管教
- 对疾病或残疾的回应
- 不安全/不稳定的家庭生活——搬家/换学校/城市/教会
- 歧视或恐吓
- 有保留的/被忽略的/有条件的爱
- 突然失去工作

爱的缺失的罪带来的营垒

找出仇敌的谎言

神对你难以置信的爱

- 撒旦攻击你最首要的武器是让你相信上帝不爱你。
- 这个问题的真理是上帝用无尽的、坚持不懈的、无条件的爱爱你。
- 约17:21-23清楚地陈明神用爱祂儿子的大爱爱着自己的 百姓。
- 我们活出自由的根基是要深深地认识到我们在耶稣基督里的身份,以及神透过祂对我们的大爱如何看待我们!

> 撒旦攻击你最首要的武器是让你相信上帝不爱你。但这个问题的真理是上帝用无尽的、坚持不懈的、无条件的爱来爱你。

罗 5:8

惟有基督在我们还作罪人的时候为我们死,神的爱就在此向我们显明了。

罗 8:35–37

谁能使我们与基督的爱隔绝呢?难道是患难吗?是困苦吗?是逼迫吗?是饥饿吗?是赤身露体 吗?是危险吗?是刀剑吗?如经上所记:"我们为你的缘故终日被杀,人看我们如将宰的羊。"然而,靠着爱我们的主,在这一切的事上已经得胜有余了。

经历上帝的爱,行走在祂的大能中

· 为了全然经历被上帝的能力充满,你必须接受和经历祂对你的大爱。

弗 3:18–21

能以和众圣徒一同明白基督的爱是何等长阔高深!并知道这爱是过于人所能测度的,便叫神一切所充满的,充满了你们。神能照着运行在我们心里的大力,充充足足地成就一切,超过我们所求所想的。但愿他在教会中,并在基督耶稣里,得着荣耀,直到世世代代,永永远远。阿们!

为什么保罗认为经历基督奇妙的爱是如此重要呢?为什么他为以弗所的信徒持续不断地为此祷告呢?因为爱是我们身份的最根本和最重要的基础:

· 神是爱。
· 我们按着祂的形象被造。
· 神不可能比今天更爱我们,但是我们可以越来越多的经历和认识祂的爱。
· 神为祂百姓中的每一个人可以经历祂的爱而欢喜快乐!

番 3:17

他在你中间……因你喜乐而欢呼。

你可以用神对你超越这个世界的爱来责备仇敌

弗 2:4
然而神既有丰富的怜悯，因他爱我们的大爱...

撒迦利亚 3:1–4
天使(注:原文作"他")又指给我看，大祭司约书亚站在耶和华的使者面前，撒但也站在约书亚的右边，与他作对。耶和华向撒但说："撒但哪，耶和华责备你，就是拣选耶路撒冷的耶和华责备你，这不是从火中抽出来的一根柴吗?"约书亚穿着污秽的衣服，站在使者面前。使者吩咐站在面前的说："你们要脱去他污秽的衣服。"又对约书亚说："我使你脱离罪孽，要给你穿上华美的衣服。"

爱如何被给与人

神使我们所有人都有一个需要，就是百分之百的"只有神能给的"的爱。这种爱来自于神自己。新约的语言(希腊语)有四个主要的词来描述圣经中提到的爱：

· 储藏：对物体的爱或欣赏，如花、首饰、体育、宠物或自然

· 性爱：一种性欲的，肉体上的"爱"

· 费力爱：一种朋友之间的友爱，反映在"兄弟般的爱"，像亲密的兄弟姐妹或最好的朋友之间的爱。

· 爱加倍：这种爱只能在上帝里找到。它是为了他人的益处和完全；它是意志的仆人相对于成为情感的奴隶。在林前13章中可以看到这种爱的部分描述。

本章中我们探讨的正是这种**agape**的爱。这种爱建立我们的价值观、意义感、价值和安全感。神创造了人类给了他们——并愿意他们可以经历到——这种生命。当然,神让我们经历到这种爱加倍的爱的起初设计已经失去了,当亚当(和夏娃)在伊甸园中犯罪的时刻。然而,用可见的方式表达爱加倍式的爱是上帝对人类的最初计划:

- **触摸—健康/不健康**

- **集中的注意力**
  - 有质量的时间
  - 目光接触
  - 被聆听
  - 共同做事情

- **祝福的言语**
  - 提及人的恩赐/能力
  - 提及人的存在/内心深处
  - 提及人的将来

一些关键词用来描述爱的需要未被满足而导致的罪

- **拒绝**：任何没有达到百分之百的快乐、肯定和健康连接的情况
- **抛弃**：当父母缺席时(并不一定是他们自己的过错)
- **背叛**：当父母不守信或者背叛信任时
- **有所保留**：当父母收回爱或者爱的表达时，经常是由于他们自己缺少自我价值感和人际关系的技巧。
- **虐待**
  - 身体上的
  - 言语上的
  - 情感上的
  - 性方面的
- **控制**：当父母为他们孩子作了过多的决定，包括压力和/ 或者威胁
- **窒息**：过度的情绪激动,过多的需要和要求
- **忽略**：缺少关注和关心
- **有条件的爱**：收回爱和接纳直到表现出可被接纳的行为（达到父母的期待）

> 我们为了补偿爱的缺失和不公义而使用的回应和应对机制,会影响到我们如何看待自己和别人,会影响我们的性格。

- **基于表现的接纳**：错误的期待,父母需要他们的孩子成功/表现
- **控制的**：用恐惧和威胁来控制别人
- **羞耻**：当父母用罪恶感、羞耻或尴尬来操控孩子顺从时

回应不公义和爱的缺失的罪的反应

1. 当一个人被剥夺了爱,上帝为我们计划的健全和健康发展的基础受到了损害。

- 当爱被夺走时,人就感到"拒绝"
- 失去了爱就失去了意义感和安全感
- 针对人们生命中经历不同程度的爱的缺失或不公义的感觉,他们会经历到个人价值和自我价值的缺失。
- 我们为了补偿爱的缺失和不公义而使用的回应和应对机制,会影响到我们如何看待自己和别人,影响性格。

2. 爱的缺失和不公义会培育罪的回应,并让人进入到不成熟和不敬虔的思想和行为中。

- 尤其是在生命的发展阶段中具有重要意义。
- 它会发展出不合法的模式，试图来得到爱和意义感以及/或者自我保护来保护自己不被拒绝而伤害，或者不合法地试图建立意义感和安全感。

3. 人们活在生命中对爱和真理的缺失的"罪的回应"中越久,这些回应就会更多地定义他们是谁。

- 对他们而言看到问题就会更困难,因为他们已经发展出了管理生命中的情感、关系和属灵伤害的应对技巧。
- 很多时候这些"盲点"可能被他人和借着圣灵的启示更容易看到或者分辨(我们经常是最后一个看到自己是谁和自己的本相)。人们经常有典型地或普遍地用显著的消极或攻击性的有罪的方式来回应。虽然没有百分之百的这种或另一种(更多是两者的混合),会有一个比较突出的方式。

营垒一旦建立起来就会阻止我们全然活出上帝为我们生命的起初设计。

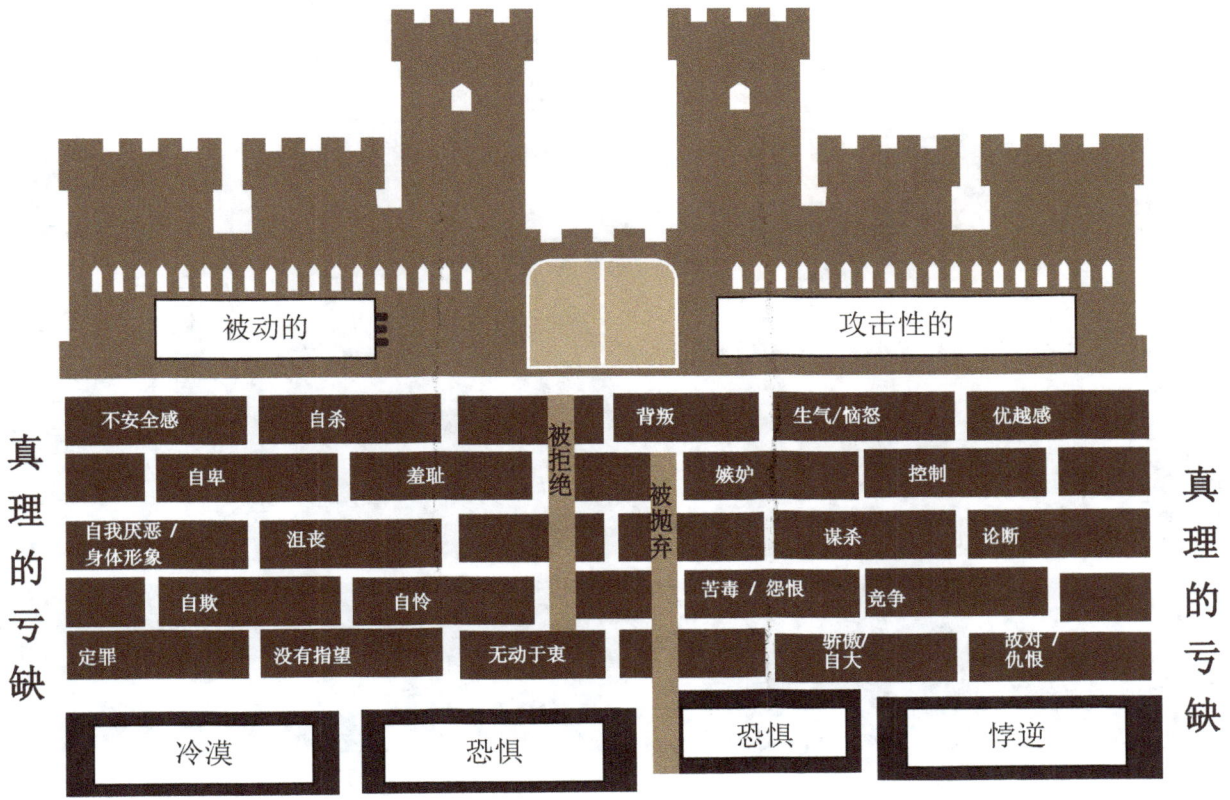

	被动的			攻击性的	

真理的亏缺

真理的亏缺

不安全感	自杀	被拒绝	背叛	生气/恼怒	优越感
自卑	羞耻		嫉妒	控制	
自我厌恶/身体形象	沮丧	被抛弃	谋杀	论断	
自欺	自怜		苦毒/怨恨	竞争	
定罪	没有指望	无动于衷	骄傲/自大	敌对/仇恨	

冷漠	恐惧	恐惧	悖逆

爱 的 缺 失

上面的图表显示了一些对我们生命中爱和真理的缺失的各样罪的回应:

注意:对被动方面的最极端的罪的回应是通过自杀显明出来,而对攻击性方面的最极端的罪的回应是通过谋杀显明出来。

结论

营垒一旦建立起来,它就会阻止我们全然活出上帝为我们生命的起初设计。它们阻止我们接受祂的怜悯和恩典,并延及到他人。它们阻止我们活在上帝的爱和能力中并在地上实践祂国度的使命。

值得感恩的是,上帝在祂无限的看顾和智慧中给了我们清楚的方向和神圣的大能的武器,使我们可以自由地活在祂的真理和爱加倍的爱中。在下一部分,我们将会辨别和查看圣经的真理,使我们有能力来卸除一切的营垒,使我们自由地活在上帝生命和能力的完全之中!

第五章
拆除营垒

弄清营垒的根基

营垒并不是师出无名。正如我们在上一个部分学到的,我们生命中属灵的营垒的表现,有时候好像树上的坏果子——它们深深扎根在我们生命的灵魂深处。

如果我们真的想要除掉生命中罪的问题——成为神创造我们要成为的人,并不断地长成耶稣基督的形象——我们需要做的远远超过只是剪除坏果子。我们需要识别并拔除整个的树干和树根。我们将发现,一旦我们开始用属灵的方式处理树根和树干,那令人厌恶的枝子和坏果子将会更容易消失。

我们穿戴大有能力的属灵军装来争战

· 我们生活在一个有血有肉的世界中,但是我们的争战从根本上是属灵的并其必须用属灵的武器来争战。

· 我们不是与属血气的和属肉体的争战,而是与恶魔(黑暗的势力)争战。精心策划和执行撒旦的诡计的恶魔并不属于这个自然的世界。

要牢记:

弗 6:12
因我们并不是与属血气的争战,乃是与那些执政的、掌权的、管辖这幽暗世界的,以及天空属灵气的恶魔争战(注:两"争战"原文都作"摔跤")。

识别属灵的根基

1. 不公义

"不公义"是发生在我们身上的各种伤害,以无缘无故地被拒绝、抛弃、和受苦的形式出现。我们没有作任何事情应当受到这样的待遇,并不能寻求帮助。过去的境况造成了今日的困境并且永远无法改变。

2. 爱的缺失

当我们是小孩子时没有接受到属神特质的爱,尤其是从权柄或者父母那里,我们就活在"爱的缺失"或"爱的剥夺"之中。仇敌使用这些情况和伤害来加强我们根本不被爱,不值得爱和不重要的观念。

3. 对不公义和爱的缺失所作的罪性回应

如果我们没有合情合理地得到重要感、安全感和价值感,这本是上帝为我们设计的,让我们从祂那里和从与人之间爱的关系里得到,那么我们经常通过得罪神(有时是自我毁灭)的途径来寻求它。当我们用这些方式有所反应时,我们给仇敌留了余地,或者空间在我们的生命中建立行动的基地。这些反应会变得根深蒂固以至它们成为生活方式。有些人甚至错误地相信这是他们性格的一部分。

对不公义和爱的缺失所作的罪性回应包含(但不只限于这些):

- 生气
- 控制
- 悖逆
- 自私的野心
- 孤立
- 不道德
- 恐惧
- 苦毒
- 无意义感
- 受害者情节
- 自我厌恶

我们生活在一个有血有肉的世界中,但是我们的争战从根本上是属灵的并其必须用属灵的武器来争战。

正确使用悔改的礼物

拔除和摧毁营垒的最基本的态度是悔改。悔改不是不健康的内省或不敬虔的悲伤。悔改是一份美好的和特权的礼物，由上帝赐下，它将打开饶恕、生命和真理的知识的大门(经文中下划线表示强调)：

徒 5:29–31
...神且用右手将他高举(注:或作"他就是神高举在自己的右边")，叫他作君王、作救主，将悔改的心和赦罪的恩赐给以色列人。

徒 11:18
这样看来，神也赐恩给外邦人，叫他们悔改得生命了。

提后 2:25
...用温柔劝戒那抵挡的人，或者神给他们悔改的心，可以明白真道。

罗 2:4
还是你藐视他丰富的恩慈、宽容、忍耐，不晓得他的恩慈是领你悔改呢?

认识真实的悔改

• 在以上的经文中翻译成"悔改"的希腊词中是 metanoia 这个词。字面意思是"心意的改变"。真正的悔改充满了彻底的连带结果，因为它使我们从一个方向转向完全不同的另一个方向。
• 悔改更新了一个人的生命、价值观、态度和行为。合乎圣经的真实的悔改包括全人:思想、意志和情感。这带来新的思想和信念，新的言语和行为，并最终引发新的情感。

雅 4:10
务要在主面前自卑，主就必叫你们升高。

- 只是为罪忧伤并不足够;人必须改变自己的价值观、信念体系和生活方式从而产生具体的改变从罪中回转。注意悔改是一个持续的过程这很重要。
- 圣经清楚的指出,用公义的行为取代已经承认的罪是很危险的。仇敌会再返回来重新占据空间,那是没有伴随真正的悔改的认罪所留下的空间。

太 12:43-45

污鬼离了人身,就在无水之地过来过去,寻求安歇之处,却寻不着。于是说:'我要回到我所出来的屋里去。'到了,就看见里面空闲,打扫干净,修饰好了,便去另带了七个比自己更恶的鬼来,都进去住在那里。那人末后的景况比先前更 不好了。这邪恶的世代也要如此。"

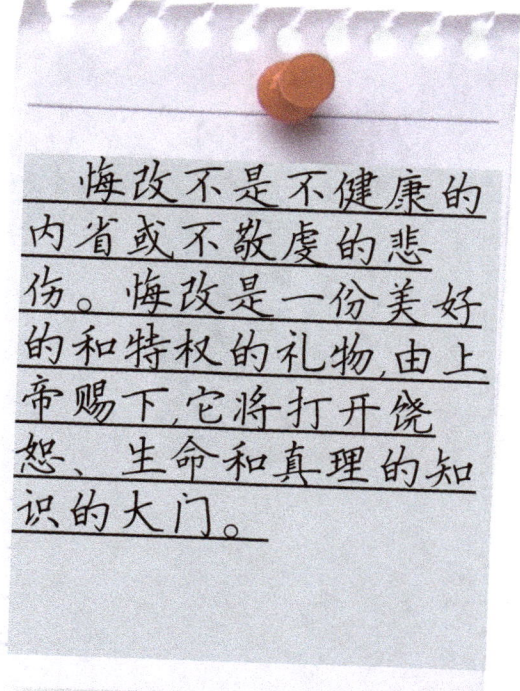

悔改不是不健康的内省或不敬虔的悲伤。悔改是一份美好的和特权的礼物,由上帝赐下,它将打开饶恕、生命和真理的知识的大门。

操练悔改

圣经谈到悔改是来自于神的礼物。虽然悔改这个词 经常引出负面——甚至严厉的——反应。不幸的是,悔改经常被忽略、遗漏、恐惧和误解。

真相是悔改是神给人的恩典中的一个美好的礼物。这是我们可以进入被更新的生命所带来的能力和喜乐的门槛。它是开启神给我们的宝贵的天启使命大门的钥匙。它引导我们进入恢复和重新得力之中。拥抱(和活在)悔改的状态中会带来救恩、生命和自由。

使徒雅各为我们描述了经历完全悔改的生命和自由必需拥有的心灵的状态(参考雅 4:6-10)。它的特征是谦卑、内心和生活中的降服,认罪并用义的行为取代,还有用主动的抵抗来操练在基督里的权柄。

悔改的状态都与心有关:

1. 谦卑的心

谦卑自己

雅 4:6

但他赐更多的恩典,所以经上说:"神阻挡骄傲的人,赐恩给谦卑的人。"

悔改是神给人的恩典中的一个美好的礼物。这是我们可以进入被更新的生命所带来的能力和喜乐的门槛。

雅 4:10
务要在主面前自卑,主就必叫你们升高。

2. 降服的心

向神降服:

雅 4:7–9
你们亲近神,神就必亲近你们。有罪的人哪,要洁净你们的手;心怀二意的人哪,要清洁你们的心。你们要愁苦、悲哀、哭泣,将喜笑变作悲哀,欢乐变作愁闷。

3. 认罪和悔改的心

承认罪:

雅 4:8b–9
有罪的人哪,要洁净你们的手;心怀二意的人哪,要清洁你们的心。你们要愁苦、悲哀、哭泣,将喜笑变作悲哀,欢乐变作愁闷…

4. 主动抵挡的心

"务要抵挡魔鬼。"请注意,这节经文中雅各不是说忽略魔鬼,然后他就逃跑了,而是说要抵挡他。《马太福音》中的经文告诉我们耶稣在旷野受试探时,耶稣责备魔鬼,结果撒旦离开了他(太 4:10–11)。

雅 4:7
故此,你们要顺服神。务要抵挡魔鬼,魔鬼就必离开你们逃跑了…

5. 应许:他将逃跑

雅 4:7 …
务要抵挡魔鬼,魔鬼就必离开你们逃跑了。

在责备仇敌时操练基督的权柄

正如我们以前所强调的,悔改是个属灵的转变。任何时刻我们用耶稣基督的权柄宣告真理,属灵的转变就发生了。在你追求自由的过程中,你夺回仇敌在你生命中已经占领的地方,你也可以通过抵挡仇敌带来属灵的转变。责备他;操练你胜过他的权柄,使用圣经:神的话应许他要逃跑。当耶稣责备他时撒旦就逃跑了,当你责备撒旦的仆役时他们也要同样逃跑(路 10:17, 19;雅 4:7)。

耶稣很多次显明了接受和活在上帝的权柄中的生活是如何的。他显明了他不仅有上帝居住在他生命中的能力,同样他有权柄和权利来使用这种能力。但是他没有将那种权柄独占,他也将这种权柄赐给他的十二个门徒,然后是七十二个门徒。

路 9:1
耶稣叫齐了十二个门徒,给他们能力、权柄,制伏一切的鬼,医治各样的病。(增加了强调)

只是为罪忧伤并不足够;人必须改变自己的价值观、信念体系和生活方式从而产生具体的改变从罪中回转。注意悔改是一个持续的过程这很重要。

路 10:17-19
那七十个人欢欢喜喜地回来,说:"主啊!因你的名,就是鬼也服了我们。"耶稣对他们说:"我曾看见撒但从天上坠落,像闪电一样。我已经给你们权柄可以践踏蛇和蝎子,又胜过仇敌一切的能力,断没有什么能害你们。

耶稣基督的每个门徒都有责任要活在和行走在这个真理中。我们必须学习使用我们神圣的大有能力的属灵武器,操练我们的权柄,并参与在天国的争战中来占领地上仇敌的领域和抢夺撒旦的国度。请牢记:

a. 这是我们在这里要做的——扩张耶稣的事工和国度,在我们个人生命中和影响到的范围中开始。
b. 耶稣的生命和服事是我们应当如何生活和今日的教会如何运转的榜样。
c. 我们需要预备自己随时操练基督的权柄,不论仇敌在我们个人生命中或超越我们而工作— —即使难以预测。

使用 "4-R"

接下来的模型只是个模型。它是一种容易记住并使用我们已经学过的真理的方式,这些真理会使我们进入神的自由之中,借着属灵的转变,透过人–神共同的合作。

1. 悔改和接受

悔改并接受上帝的饶恕。谦卑自己降服在上帝面前,悔改并接受通过基督的死和复活的饶恕。这可以包含应许和请求饶恕。

_ 悔改和接受

_ 责备和弃绝

_ 替代和更新

_ 接受和喜乐

代下 7:14
...这称为我名下的子民,若是自卑、祷告,寻求我的面,转离他们的恶行,我必从天上垂听,赦免他们的罪,医治他们的地。

徒 3:19
所以你们当悔改归正,使你们的罪得以涂抹;这样,那安舒的日子就必从主面前来到。

2. 责备和宣告弃绝

责备恶魔并弃绝与神的真理相悖的谎言。借着责备他们在你生命中的营垒来抵挡恶魔,因为你已经有耶稣基督的死亡和复活带来的权柄和能力。在神的权柄中,弃绝那些你相信的关于你自己、上帝和他人的任何的谎言。

太 4:10
耶稣说:"撒但(注:"撒但"就是"抵挡"的意思,乃魔鬼的别名)退去吧!因为经上记着 说:'当拜主你的神,单要事奉他。'"

路 10:17, 19-20
那七十个人欢欢喜喜地回来,说:"主啊!因你的名,就是鬼也服了我们。" "我已经给你们权柄可以践踏蛇和蝎子,又胜过仇敌一切的能力,断没有什么能害你们。然而,不要因鬼服了你们就欢喜,要因你们的名记录在天上欢喜。"

3. 替代和更新

宣称你委身于行走在真理中并在真理中更新你的心思意念。通过除去你犯罪的行为来亲近神,并洗净你奉献给神中表里不一的心思意念。用顺服和单一的委身于神来取代它。请求神来更新你的心思、意志、情感和理智,借着圣灵浇灌的大能。

弗 4:22-24
就要脱去你们从前行为上的旧人,这旧人是因私欲的迷惑渐渐变坏的。又要将你们的心志改换一新,并且穿上新人,这新人是照着神的形象造的,有真理的仁义和圣洁。

4. 接受和喜乐

接受神的灵充满的工作,并在信心中接受圣灵所赐的能力与充满来行走在祂的路上。在丰盛的恩典和在圣灵里的平安而喜乐!

多 3:4-6

但到了神我们救主的恩慈和他向人所施的慈爱显明的时候，他便救了我们，并不是因我们自己所行的义，乃是照他的怜悯，藉着重生的洗和圣灵的更新。圣灵就是神藉着耶稣基督我们救主厚厚浇灌在我们身上的。

饶恕是秘诀

饶恕是属灵的转变并且是神圣的大能武器

如同悔改,饶恕是耶稣基督的跟随者手中另一个大能的武器。因为它是另一个"人-神合作"的例子——我们发起一项活动,而神用只有祂能做的方式来回应——这也是个属灵的事务。正如我们已经被饶恕,我们也被命令要去饶恕别人。心存的任何不饶恕都是仇敌进入我们生命中的另一个途径。

- 正如我们为自己的罪悔改,我们必须饶恕那些得罪我们的人。
- 我们所有的债务都已经被赦免,所以我们也有这样的特权(和责任)来赦免他人的债。

太 6:9-15

所以,你们祷告要这样说:'我们在天上的父,愿人都尊你的名为圣。愿你的国降临。愿你的旨意行在地上,如同行在天上。我们日用的饮食,今日赐给我们。免我们的债,如同我们免了人的债。不叫我们遇见试探,救我们脱离凶恶(注:或作"脱离恶者")。因为国度、权柄、荣耀,全是你的,直到永远。阿们(注:有古卷无"因为"至"阿们"等字)!'你们饶恕人的过犯,你们的天父也必饶恕你们的过犯;你们不饶恕人的过犯,你们的天父也必不饶恕你们的过犯。

太 18: 21, 22

那时,彼得进前来,对耶稣说:"主啊,我弟兄得罪我,我当饶恕他几次呢?到七次可以吗?"耶稣说:"我对你说:不是到七次,乃是到七十个七次。

西 3:13

倘若这人与那人有嫌隙,总要彼此包容,彼此饶恕;主怎样饶恕了你们,你们也要怎样饶恕人。

正如我们已经被饶恕,我们也被命令要去饶恕别人。心存的任何不饶恕都是仇敌进入我们生命中的另一个途径。

73

理解饶恕

饶恕可以释放上帝能力和爱的洪流进入我们的生命,它使我们得释放。这是如此重要以至于耶稣命令它!如同神所有的命令,我们的责任是要饶恕那些伤害或者反对我们的人,这是为了我们自己生命的丰盛和健全。

因为饶恕如此重要,我们澄清它是什么——和它不是什么就至关重要。

- 它不是赞同不公义的行为或为它为辩解。
- 它不是说冒犯、伤害或者不公义是"没关系的"。
- 它不是假装我们没有受伤、不痛苦或者没受损害。

为了真正饶恕,我们必须识别不公义或者爱的缺失真正的是什么。只有那样我们才可以合情理地饶恕。它与赦免债务类似,我们计算那欠我们的账户然后将它标记为"已付清"。我们承认已经侵害了我们,但是我们释放或赦免那侵犯者不再偿还这笔债务。这正是耶稣为我们所做的。

在这点上很重要的是我们将这项转变交托给神。正如耶稣饶恕了那些不公义敌对他的人,并将他自己全然交付给天父——我们也必须如此。他会审判那得罪我们的人。我们必须将它交给神。

彼前 2:22-23

...他并没有犯罪,口里也没有诡诈。他被骂不还口,受害不说威吓的话,只将自己交托那按公义审判人的主。

饶恕可以医治不公义以及因缺少爱而生的苦毒

仇敌从起初攻击人类的最根本的诡计就是要在我们里面产生了不公义和爱的缺失,并要让我们陷入罪的回应、生气和不饶恕的循环中(参看创 4:7;林后 2:11;弗 4:26-27;彼前 5:8)。这种循环可以诱骗我们每个人。虽然你可能没有主动地报复那个你不饶恕的人,你仍然可以陷在敌意、怨恨和苦毒的循环中。唯一的良药:单纯的和不寻常的饶恕!

- 你可以在这个循环的任何一点进入并停止这个过程——但是在一个冒犯或者不公义出现之 后更容易些,在这些伤害有机会扎根并生出苦毒之前(来 12:15)。
- 你心中可能需要不止一次的给与饶恕,当同样的伤害可能不断的浮现:不要给仇敌留地步。
- 有时某个具体的事件让你如此的痛苦,以致于你需要不断重复饶恕的工作。如果那是所需 要的——要坚持不懈!

75

那么我们怎么开始走出敌意并活在饶恕的自由中呢?下面的图表表明了不饶恕的循环,以及一个人在任何一点上怎么可以借着合乎圣经的饶恕来中止这个循环:

5. 循环重复 & 加深

1. 受到伤害 & 冒犯

不饶恕的循环

4. 行为 引起敌意

2. 不敬虔的回应 (不饶恕)

3. 地土

成为不会被冒犯的

是的,我们可以成为不会被冒犯的——并且通过饶恕打破敌意的循环。想想每次的饶恕行为如同挪去堵塞的溪流中的一块

石头。即使是最微小的敌意或者怨恨都给那恶者留了地步,在那里他放置了苦毒或者不饶恕的石头。过一段时间,那些石头会填满我们心中的溪流并使得神的圣灵在我们生命中的释放逐渐被阻塞,阻止我们与神连接,我们周围的人——即使是我们最爱的人相连的能力。

这不是上帝最初为我们的心意。祂为他百姓的计划,耶稣说过,是 "我所赐的水要在他里头成为泉源,直涌到永生。" (约4:14)。饶恕可以夺回仇敌通过敌意的罪占据的地土,并使我们重建与上帝和他人的关系。

饶恕是有能力的。在这些方面它:

● 释放属天的祝福;
● 打破破坏性的属灵影响;
● 释放我们自由地去经历上帝的能力,在重建的生命和自由中经历;
● 得救赎和得医治;
● 是 "释放" 的行动(太 18:18) 。

饶恕开始于意志的层面。施与饶恕是意志和理智的转变;很多时候情感是随后才产生的。但是随着上帝加深在我们生命中的工作,它将逐渐影响我们的感觉和产生饶恕的行动和祝福。下面的图表表明我们可以如何操练饶恕,并且当我们这样做时紧接而来的生命和自由。

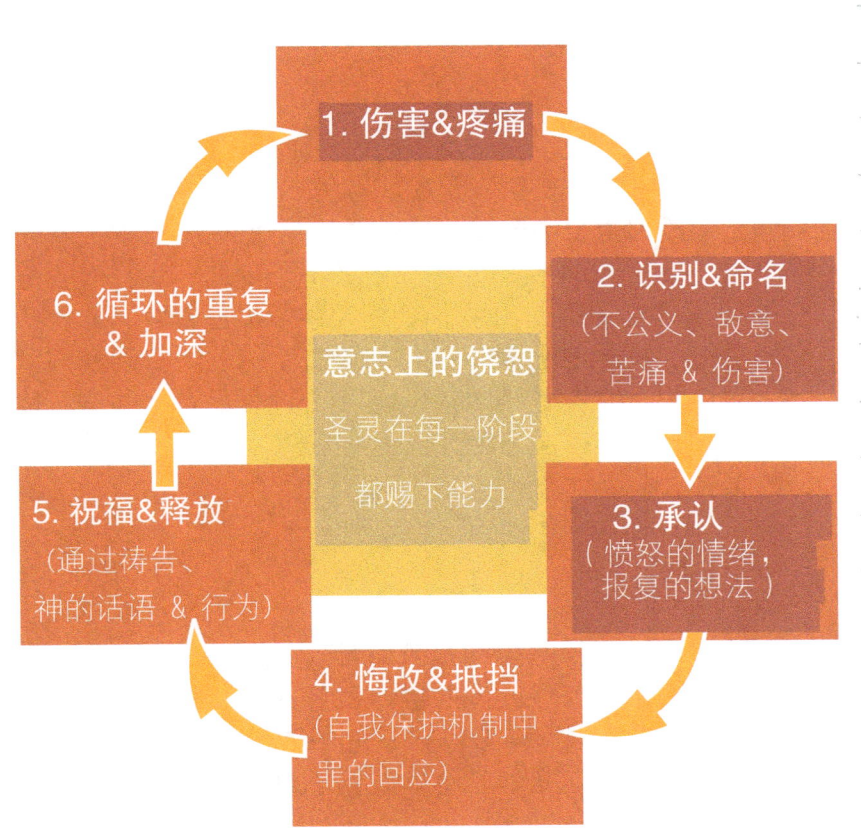

> 饶恕可以释放
> 上帝能力和爱的
> 洪流进入我们的
> 生命,它使我们得
> 释放。

通过祷告来饶恕

下面是一个示范的祷告文,不是一个公式。重点是要真心地祷告。这里是你如何祷告,当你开始走出不饶恕的循环——并开始活在饶恕的自由之中!

亲爱的天父,我今天向你承认_____(在神面前列出得罪你的人的名字)犯罪得罪了我。他(或她)所做的是错误的。我今天选择取消我感觉他所欠我的债。我从我的审判中释放____并将他/她交在你的手中。我饶恕他/她,我祝福他/她。 我选择不再让他/她偿还,寻求他/她的认同,或者将他/她从自己的问题中拯救出来。请不断地释放圣灵的能力来帮助我可以胜过这个冒犯,并在我的生命中继续有喜乐和顺服你。

我为我自己的怒气和苦毒(列出任何对此人的罪的反应)悔改并接受你的饶恕,主。我斥责任何想要在我的生命中占据地土,并产生怒气、苦毒或怨恨的邪灵。我拒绝在心中给他们任何的空间。我命令仇敌权势的影响现在就停止并离开我,奉耶稣的名祷告。

主啊,我请求你来并医治我,重建我并接纳我,并用你的生命和平安冲洗我的灵魂。我选择在以后的日子里行走在你的自由和恩典中。阿门。

赔偿

当我们的罪带来伤害、受损、冒犯,或者他人的损失时,赔偿是悔改很重要的因素。这通常是从仇敌的权势中(有时是彻底的捆绑)得自由的过程中必不可少的一步。很多时候,没有这重要的一步,我们会继续紧紧抓住羞耻、罪疚感和后悔的感觉,这些是仇敌用来攻击我们的。直到我们承认了对他人的伤害,请求他们饶恕我们,并尽最大的努力改正我们所犯的错误,在我们与那些伤害的人之间的关系才能没有阻碍。

撒该的冒犯

圣经中路加福音19:1-10,我们看到这个概念很生动地反应在撒该的生命中。注意到撒该的名字真实的意思是"正义"这很有意思。撒该的故事非常显明了赔偿应该是什么样子;这是非常奇妙的例子解释了起初设计如何被实现!

撒该在路19:2 被描述为"税吏长"。在耶稣的时代,以色列中的税吏是向以色列人收集罗马税的犹太人。他们被自己本国的人所憎恶,在犹太社会中是最被人 讨厌的,并且不是没有好的理由。犹太人认为他们是叛徒,因为他们帮助罗马人压迫以色列人。除此之外,他们一般都腐败,不仅如此,他们收取本应交纳的更多的税,然后将此放进自己的腰包中。

施与饶恕是意志和理智的转变,很多时候情感是随后才产生的。

撒该的更新

路 19:8
撒该站着对主说:"主啊,我把所有的一半给穷人;我若讹诈了谁,就还他四倍。"

撒该用赔偿的行动表明了发生在他生命中的的属灵转变。他将从别人那里讹诈所得的,要四倍偿还。然后他将自己所剩下的一半分给穷人。这样做时,撒该事实上达到并远远超过了上帝要求以色列人所做的赔偿——恩典一般都超越律法!

赔偿使人得释放。赔偿对你的生命有着洁净的影响。赔偿只是改正我们对他人所犯的错误。我们看到上帝在旧约,然后又通过耶稣在登山宝训中向以色列人清楚的显明这个真理。

民 5:6–7

你晓谕以色列人说：'无论男女，若犯了人所常犯的罪，以致干犯耶和华，那人就有了罪。他要承认所犯的罪，将所亏负人的，如数赔还；另外加上五分之一，也归与所亏负的人。

太 5:23–24

所以，你在祭坛上献礼物的时候，若想起弟兄向你怀怨，就把礼物留在坛前，先去同弟兄和好，然后来献礼物。

赔偿的实际步骤

- 确认你冒犯了谁并如何冒犯了他。请求圣灵向你清楚地显明，可能你不会立刻意识到它(看诗139:23–24)。你可能也需要询问身边比较亲近的人，或者你属灵的领袖，说出你在这个问题上可能的盲点。

- 确定你冒犯这个人的后果。(问自己，"我的自私、不成熟、态度、行为、消极，或忽略如何引起了对这个人或这些人的伤害、敌意或亵渎？")

- 确定赔偿应该包含什么，以及用什么样的方式来实践它。请求圣灵来引导你。这不是对你的罪的苦行或惩罚。这应该是对上帝的引导的喜乐的回应。

- 你的赔偿可能包含个人的道歉并为你的行为和/或冒犯请求饶恕。最好是当面的——至少，如果个人拜访不可能也需要通过电话的方式。不要通过写信，这可能会记录这个冒犯而不是除去它。

- 用谦卑和尊重的态度来进行这场谈话。不要要求或甚至期待别人立刻饶恕你。这可能需要时间。即使他/她没有立刻免除你冒犯他们的债务，这不是的责任——你的责任只是请求饶恕并付出赔偿。

赔偿有时是拔除营垒的毒根异常重要的一部分，这些营垒阻碍了我们追求与神的亲密关系，活在祂的能力和爱的自由中。

一些赔偿的行动可能包含敏感的问题，就是赔偿本身可能会带来伤害或者令人不悦的结果。你冒犯的那个人可能不能或不愿意接受你的赔偿，或者甚至不愿与你单独见面。在这样的情况下寻求你生命中的属灵领袖的智慧和引导是明智的。但是不要让恐惧阻碍你得自由！赔偿有时是拔除营垒的毒根异常重要的一部分，这些营垒阻碍了我们追求与神的亲密关系，活在祂的能力和爱的自由中。

结论

神已经给我们,这些相信祂的孩子,耶稣基督的跟随者,拆除属灵的营垒和脱离仇敌的诡计和捆绑所需的所有的武器、权柄和能力。

回顾一下,拆除和脱离属灵的营垒活出自由包括:
- 活出谦卑和悔改的生活方式(包括这章中列出的4R)
- 辨认我们生命中营垒的"毒根",并用属灵的武器和资源(包括借着祷告而带来的属灵转变)完全根除它们,而不只是"摘下果子"或除去表面症状而已。
- 必要时直接使用权柄胜过那些邪灵,它们通常要激化属灵营垒的毒根,并把我们捆绑在他们的"果实"之下。
- 持续地操练自己要活出"不被冒犯的",成为快快地施与并请求饶恕,靠着圣灵的引导为我们所冒犯的人作出赔偿。

当你在神面前有这种心态和姿态时,主动得拔除生命中仇敌所有的营垒或者领域,你将拆除营垒并越来越自由地接受上帝的爱,行走在祂对你的起初设计之中。你将成为圣经中描述的人,就是深深扎根,在神里面不断成长并为他的国度结出丰盛的果实!

诗 1:3
要像一棵树栽在溪水旁,按时候结果子,叶子也不枯干。凡他所做的尽都顺利。

第六部分
世代的罪,灵魂的束缚和咒诅

笔记:

有时候,问题看起来是顽固地阻挡医治和改变,并不只是因为它们的能量来自于仇敌,而且因为它们本身是"世代性的"。正如一个人投下的影子可以让黑暗笼罩在另一个人身上,我们承袭的世代的罪会给我们今天的生命带来属灵的后果。

现代的基督徒难以理解世代的罪的概念,可能是因为我们都生活在小家庭之中的缘故。不像其他文化更多以群体为导向,我们发现要为别人的行为承担责任是很难接受的。我们倾向于否认我们的行为会给周围的人带来很深的属灵影响。然而,圣经和实践中都有证据显明罪属灵的影响力会影响着家庭或一个群体,并且甚至一代又一代地传递下去。

世代性的营垒

《圣经》的根基

• 《圣经》清楚地指出祝福和咒诅都是从一代传到另一代。
• 最明显的事实是,亚当在伊甸园里所犯的罪,结果所有的人都继承了罪性。

罗 5:12

这就如罪是从一人入了世界,死又是从罪来的,于是死就临到众人,因为众人都犯了罪。

- 另一种说法是,我活在自己之前的家族世代的阴影之下。我如何生活可以影响和改变在我之后的世代的生命。

- 世代性的罪可能是造成以下情况一部分的原因,为什么一些家庭成员或者群体永远无法打破一些循环,比如贫穷、不法和犯罪。

- 世代性的营垒可能会使一个人倾向于特定的行为或者情感,这在自然世界中没有逻辑可以解释,因为它们来自于过去世代中建立起来的营垒。

- 对于属世文化中的人来讲,很难理解这点,因为这与他们个人主义的世界观是相违背的。然而世界中多数的其他人——那些更倾向于群体导向的人——很容易地活在这个现实的光照之下。

出 20:5-6

不可跪拜那些像;也不可事奉它,因为我耶和华你的神,是忌邪的神。恨我的,我必追讨他的罪,自父及子,直到三四代;爱我、守我诫命的,我必向他们发慈爱,直到千代。

诗 112:1-2

你们要赞美耶和华!敬畏耶和华,甚喜爱他命令的,这人便为有福!他的后裔在世必强盛,正直人的后代必要蒙福。

约 9:1-2

耶稣过去的时候,看见一个人生来是瞎眼的。门徒问耶稣说:"拉比,这人生来是瞎眼的,是谁犯了罪?是这人呢?是他父母呢?"

太 27:24-25

彼拉多见说也无济于事,反要生乱,就拿水在众人面前洗手,说:"流这义人的血,罪不在我,你们承当吧!"众人都回答说:"他的血归到我们和我们的子孙身上。"

不像其他文化更多以群体为导向,属世的人发现要为别人的行为承担责任是很难接受的。我们倾向于否认我们的行为会给周围的人带来很深的属灵影响。

关于世代性的营垒、和咒诅的相关的真理会引起一些问题,这个课程的范围不是设计要解决这样的问题。然而,这些问题在《活出自由:恢复神对你生命起初的设计》一书中说明了,由Sycamore出版社出版,可以通过网站 www.sycamorecommission.org 获得。

"活出自由"意味着我们不再活在我们之前世代的罪的模式之下。我们可以打碎持续不断的世代性的罪所带来的后果。在基督的权柄和圣灵的能力之中,我们可以除去仇敌或者营垒在我们生命中的司法权,这些都是过去建立在我们的家庭之中的。

观察自己的家族历史

- 当人们诚实和仔细地观察他们家庭的世代时,他们将注意到从一代到另一代的好的与坏的模式。
- 再次发生的模式可能包括不断攻击的罪、营垒、健康问题,行为和经验的模式(比如离婚、未婚先孕、吸毒成瘾、虐待)等。
- 一些模式可能从性别上延承。
- 重复的模式不只是巧合;经常有属灵的能力参与。

我们如何知道一个罪是世代性的? 这里有一些可能的指标:

1. **经验**：问题顽固地抵抗个人自己试图改变的真诚努力。似乎没有任何方法长期有效,包括祷告、辅导或者药物介入。
2. **观察和研究**：在其它家庭成员和家族系谱其它的分支身上,也可以看到同样的问题以各种形式和程度出现。 年长的家庭成员可以确定它是过去世代的一个问题。
3. **分辨**：你拥有圣灵的敏感,就是"远超过肉眼所看见的"。耶稣似乎就是靠着这样的洞察力来确定那个瞎眼的疾病并不是世代性的(约 9:3)。
4. **先知性的启示**：圣灵会在祷告中清楚肯定地告诉你或者其他人,哪些罪的问题在本性上是世代性的。他可能会也可能没有启示最初的源头。有时罪进入家族最初的切入点是那么久远,以至于在现在的世代中可能没有任何的踪迹可循。在这种情况下,启示必须凭信心才能得到。

> 重复的模式不只是巧合;经常有属灵的能力参

世代性的营垒

下面的清单(不是完全的)是症状和问题，由可能的世代性的罪和营垒所带来的结果：

- 巫术/隐秘的
- 宗教的罪
- 撒谎、欺骗、偷窃
- 化学药品和行为上的上瘾
- 性不道德和虐待
- 外遇、色情
- 非婚生子
- 流产和堕胎
- 不肥沃和贫瘠
- 暴力、愤怒、谋杀
- 身体上和言语上的虐待
- 饮食不调
- 赌博
- 离婚
- 自杀
- 体弱疾病
- 焦虑、惊慌的攻击
- 沮丧、精神上的疾病
- 财务的不稳定、贫穷、债务

对自己原生家庭的观察：

1. _____
2. _____
3. _____
4. _____

废除世代性的问题

虽然圣经清楚地指出,每个人都对他/她自己的罪负有个人的责任,这也启示出家庭和群体承担着他们中间所犯的罪的属灵结果。在一些情况下,当家庭或群体中的有代表性的人承认那些罪并悔改时,仇敌的司法权(topos)就被除去了。

如果你识别出你活在世代的营垒、罪或者咒诅的阴影之下,你要被鼓励因为神已经给了你神圣的有能力的药方,来将你从对你的生命和你的家庭,你的教会或者事工,你的生意等等的捆绑之中释放出来。

> 《圣经》启示出家庭和群体承担着他们中间所犯的罪的属灵结果。神正在寻找那些为他们的家庭、教会和群体而"站在破口之中"的人(结 22: 30)。

神正在寻找那些为他们的家庭、教会和群体而"站在破口之中"的人(结 22: 30)。当每个人凭信心承担起为他们以前世代的罪悔改的责任时,神就会尊崇和祝福那些祷告。

利 26:40-42

他们要承认自己的罪和他们祖宗的罪,就是干犯我的那罪;并且承认自己行事与我反对,我所以行事与他们反对,把他们带到仇敌之地。那时,他们未受割礼的心若谦卑了,他们也服了罪孽的刑罚,我就要记念我与雅各所立的约,与以撒所立的约,与亚伯拉罕所立的约,并要记念这地。

尼 1:6; 9:1-2

愿你睁眼看,侧耳听,你仆人昼夜在你面前为你众仆人以色列民的祈祷,承认我们以色列人向你所犯的罪。我与我父家都有罪了。这月二十四日,以色列人聚集禁食,身穿麻衣,头蒙灰尘。以色列人(注:"人"原文作"种类")就与一切外邦人离绝,站着承认自己的罪恶和列祖的罪孽。

但 9:8-11

主啊,我们和我们的君王、首领、列祖因得罪了你,就都脸上蒙羞。主,我们的神是怜悯饶恕人的,我们却违背了他,也没有听从耶和华我们神的话,没有遵行他藉仆人众先知向我们所陈明的律法。以色列众人都犯了你的律法,偏行,不听从你的话。因此,在你仆人摩西律法上所写的咒诅和誓言,都倾在我们身上,因我们得罪了神。

但以理自己就承担起了为犹大民族悔改的罪。他的祷告使整个天空摇动,激动神大能的天使来回应(但9:1-19; 10:12-14)。尼西米也承担起为他的家庭和群体来悔改的责任(尼1:4-7)。最终,他带领整个民族同样如此悔改(参看尼9)。耶路撒冷被重建,百姓们重新恢复要委身于顺服和敬拜神。

● 罪的影响可以传递到随后的世代。然而,随后的世代当他们识别出他们先祖的罪时,可以而且必须要为他们自己的罪承担责任,这样才能从那些罪所带来的营垒和咒诅之中被拯救出来。

● 要打破你生命中世代的罪和营垒的能力,应用"4R"的祷告模式,包含你之前世代的罪。列出你识别出的世代性的具体的罪／营垒,弃绝它并从你自己和家族中切断它。

灵魂的束缚

合情合理和健康的"灵魂的束缚"或者"灵魂的捆绑"是神对生命旨意计划的一部分。这种情况的一些例子是配偶对待彼此,父母和孩子如此,教会领袖和那些本地教会的会众也是如此,或者属灵的父母和孩子彼此也是如此。但是即使有合乎《圣经》的关系中,不恰当的"灵魂的束缚"或者"灵魂捆绑"会发展。当不健康的,不敬虔的关系会借着并通过合理的关系成长。这会借着一些营垒的问题看见, 比如恐惧、愤怒、控制、羞耻、不合理的罪、自我毁灭等这些控制一个人生命的营垒。

"活出自由"意味着切断那些看不见的但是非常真实和控制性的关系的纽带。当我们这样做时,我们可以自由地与他人相连,而不受不健康或者灵性上赐能力地情感/属灵的捆绑。

认识灵魂的束缚

· 灵魂的束缚或者灵魂的捆绑这个术语并不是在圣经中特有的,而是它们描述圣经中发现的一种真相。

· 这个词语描述了一种关系,就是在一个或多个领域内脱离了圣经的引导。结果,就导致了一种不健康的关系性的影响。

· 这些经常有属灵的力量参与其中,这些可能是被邪灵影响的——引起一种对人不健康的、不恰当的和不合乎圣经的影响。

· 下面的经文显明了这个真理。创世纪中雅各对他的儿子便雅悯的关系的记述说明了这点,当约瑟的兄弟们和他商量条件时。使徒行传的记述显明了使徒彼得如何因为害怕从耶路撒冷来的长老,而做出明显的出错行为。

创 44:30–31
我父亲的命与这童子的命相连,如今我回到你仆人我父亲那里,若没有童子与我们同在,我们的父亲见没有童子,他就必死。这便是我们使你仆人我们的父亲,白发苍苍、悲悲惨惨地下阴间去了。

> 灵魂束缚这个词语描述了一种关系,就是在一个或多个领域内脱离了圣经的引导。结果,就导致了一种不健康的关系性的影响。

加 2:11-13
后来矶法到了安提阿,因他有可责之处,我就当面抵挡他。从雅各那里来的人未到以先,他和外邦人一同吃饭;及至他们来到,他因怕奉割礼的人,就退去与外邦人隔开了。其余的犹太人也都随着他装假,甚至连巴拿巴也随伙装假。

不健康的灵魂束缚的四种特征

1. 灵魂的束缚可以借着罪发展

- 性犯罪:奸淫、外遇、同性恋和其他的与圣经中神所设计相悖的性行为。
- 属灵的罪:巫术,受控的关系中的宗教经验,发生在宗教秩序里的誓言和盟约,毒品,属灵的异端团体

2. 借着错置的信任、恐惧和需要他人的赞许也会使灵魂的束缚发展

惧怕人 = 需要人的赞许胜过神的赞许

这会变的很危险,当:
- 我们更依靠和/或者惧怕一个人(或多个人)并且他们的看法远超过神和祂的赞许。
- 我们被意见、资源或者他人的愉悦所操纵,以至于我们无法被提升,无法建立成为敬虔,和/或者无法进入神起初的设计中。
- 我们盲目地接受别人的影响(即使这个人是父母或者配偶)而没有客观地分辨这个人的影响是否合乎圣经或者敬虔的。(这种情况下,被动使我们得出与神的真理不一致的结论。)

3. 属灵的束缚会由虐待和侵害引起

- 这些虐待和侵害可以是属灵上的、情感上的、精神上的,性方面的,和/或者身体上的。
- 这些侵害可以影响心思意念、情感,和一个人的意志——这会成为属灵捆绑的神经中心。

4. 属灵的束缚并不会培养陶冶一个人

- 控制、操控、利己主义、羞耻等等问题浮现。
- 圣经提到的不健康的关系养成使人疲倦的营垒。
- "属灵的束缚"引起困惑、焦虑、动乱、羞耻、罪恶以及/或者压抑。

废除灵魂的束缚和期待自由

1. 识别灵魂束缚的源头和原因
2. 摧毁灵魂束缚的捆绑

由于一个人自己的罪：
- 承认个人的罪。
- 借着耶稣基督的宝血和权柄，祷告并宣告分开灵魂的束缚，造成属灵捆绑的源头。使用"4R"的祷告模式。

由于被侵害：
- 饶恕犯罪者,并祝福他/她。
- 承认任何个人有罪的回应，包括苦毒、怨恨、愤怒等等。
- 借着耶稣基督的宝血和权柄，祷告并宣告分开灵魂的束缚，造成属灵捆绑的源头。使用"4R"的祷告模式。

祷告范例：

主啊,我现在——在耶稣基督的能力和权柄之下，借着祂的宝血和复活——分开属灵的的束缚/捆绑,包括_____。我宣告自己要自由地并单单地活在顺服于祢的旨意和方式之中。我命令仇敌任何的影响从这个关系中除去，奉耶稣的名，阻止他以任何的方式鼓动这些束缚。我将不再因为这个人被痛苦的想法、受伤的情感、羞耻、犯罪、控制或者惧怕所控制。我将_____从任何对我不敬虔的束缚中释放出来、并且我也将自己从任何对他/她不敬虔的束缚中释放出来。我饶恕并祝福_____，还要将他/她交在祢手中。阿门。

笔记：

咒诅

从"为饥饿者谋食"救援组织的简报 （发表于 2002 年 7 月)的首页中摘录出如下的文章,标题是《切断巫术的咒诅》

巫婆和咒诅可能看起来是好莱坞电影中的东西。但是不幸的,对于世界中的多数人而言,超自然的信仰在人的生命中有权势。

在莫桑比克的索法拉省,巫术的权势是如此之强,以至于这成为引起死亡的第二个因素。巫士们甚至形成组织来管理他们的信仰。

因为巫术是群体中被接受的一部分,攻击邪灵的权势和巫士们所引起的恐惧是很困难的。教导神话语的牧师们很疲倦,甚至受到死亡的威胁。

> 我们中多少人已经被蒙蔽了圣经中关于咒诅的真理,并且被它们麻痹了,由于被这些属世文化的世界观所麻木?

在属世世界中,我们多数人认为咒诅是民间传统、神话故事和迪斯尼的一部分。经常是第三世界国家的人更容易归给它们应得的责任。但是对于我们,属世的人倾向于将它们归结为传统、学问还有迷信。我们认为,相信咒诅是不开明的和没有教养的。

我们中多少人已经被蒙蔽了圣经中关于咒诅的真理,并且被它们麻痹了,由于被这些属世文化的世界观所麻木?尤其是在基督徒中,这样的话题被认为是哄骗，越过边界,完全的神秘主义。当然咒诅决不能成为正统基督教世界的一部分!(或者他们可以吗?)

根据圣经和现实地认识咒诅

1. 关于咒诅圣经说了什么呢?

- 《圣经》关于咒诅说了很多——远远超过本课所能提及的。
- 神的话给了我们处理咒诅的应许和命令。应许是,"麻雀往来,燕子翻飞,这样,无故的咒诅也必不临到。"(箴 26:2)。
- 耶稣关于咒诅的命令是,"咒诅你们的,要为他祝福!凌辱你们的,要为他祷告!"(路 6:28)。

2. 定义（《韦伯斯特字典》）

咒诅:名词

1. 呼求神或者神明来降下邪恶的事情或伤害给某人或某事。
2. 亵渎上帝的誓言;诅咒。
3. 被咒诅的事情
4. 似乎是对诅咒的回应的邪恶或者伤害

诅咒:动词

1. 讲出邪恶的愿望;祈求降下灾祸,呼求降下伤害。
2. 去折磨;屈服于邪恶;咒诅;带来邪恶或者伤害

3. 描述

原始人相信一个人可以宣告对他的仇敌的咒诅,并且可以号召神明或超自然的能力来执行它。借着这种方式,可以将各种灾难、疾病、或者困难加害给人。的确,被宣告的祝福的有效性和咒诅的对立在早期的圣经历史中是令人惊异的。挪亚宣告了对迦南的咒诅,并祝福了闪和雅弗(创9:25-27),并且之后的历史证明了他的祈求。咒诅是以独立存在的一种能力、力量,或者要让人惧怕或者回避的能量为特征的。咒诅并不只是被认为希望仇敌遭遇不幸,而是强有力的力量使宣告的咒诅进入实际的结果之中。

箴 18:21

生死在舌头的权下，喜爱它的，必吃它所结的果子。

咒诅的源头和切入点

世代性的罪

· 咒诅可能是早期世代中那些有罪的行为、缠累的罪以及／或者可能是迷信行为的结果。
· 即使早期世代的话语也会咒诅随后的世代。

撒下 3:28–29

大卫听见了,就说:"流尼珥的儿子押尼珥的血,这罪在耶和华面前必永不归我和我的国。愿流他血的罪归到约押头上和他父的全家;又愿约押家不断有患漏症的,长大癞疯的,架拐而行的,被刀杀死的,缺乏饮食的。"

撒下 21:1

大卫年间有饥荒,一连三年,大卫就求问耶和华。耶和华说:"这饥荒是因扫罗和他流人血之家,杀死基遍人。"

书 6:26

当时,约书亚叫众人起誓说:"有兴起重修这耶利哥城的人,当在耶和华面前受咒诅:他立根基的时候,必丧长子;安门的时候,必丧幼子。"

王上 16:34

亚哈在位的时候,有伯特利人希伊勒重修耶利哥城,立根基的时候,丧了长子亚比兰;安门的时候,丧了幼子西割,正如耶和华藉嫩的儿子约书亚所说的话。

启发、鼓励以及给予他人力量的话语是从神而来的,当我们奉上帝的名祝福他人时,这些话语就倾倒出祂的祝福在人们的生命中。

参与不洁或可憎的物体

● 在一个家庭或者群体之中,司法权会借着污秽的物体和行为给仇敌。

● 参与到不洁的或者可憎的物体中,很多显著地被认为是邪灵的偶像或者迷信的物体,可以引起咒诅。

林后 6:17
又说:"你们务要从他们中间出来,与他们分别,不要沾不洁净的物,我就收纳你们。

结 44:23
他们要使我的民知道圣俗的分别,又使他们分辨洁净的和不洁净的。

· 需要识别、宣告弃绝,和摧毁这些物体,为了除去仇敌的司法权和恢复神在我们生命中的同在和能力的自由流淌。

徒 19:18–20
那已经信的,多有人来承认诉说自己所行的事。平素行邪术的,也有许多人把书拿来,堆积在众人面前焚烧。他们算计书价,便知道共合五万块钱。主的道大大兴旺,而且得胜,就是这样。

领地的侵犯

· 魔鬼的宗教领地是被咒诅的。有时从那里除去它们的物体,和/或者去那些地方旅行,会引起问题。

申 7:25–26
他们雕刻的神像,你们要用火焚烧,其上的金银你不可贪图,也不可收取,免得你因此陷入网罗,这原是耶和华你神所憎恶的。可憎的物,你不可带进家去,不然,你就成了当毁灭的,与那物一样。你要十分厌恶、十分憎嫌,因为这是当毁灭的物。

与魔鬼的仪式或者亵渎的活动相关

· 例子:由于参与到魔鬼的游戏、音乐和仪式而引起的咒诅。这可以包括参与到占卜、通灵、星座、读心术、鬼神崇拜等等。

结 8:9-10
他说:"你进去,看他们在这里所行可憎的恶事。"我进去一看,谁知,在四面墙上画着各样爬物和可憎的走兽,并以色列家一切的偶像。

· 物理位置上的咒诅也会包括被冒犯和被虐待而残留下来的属灵的影响,就是发生在那些场所或建筑物中——发生那些有罪的,受伤的行为的地方。

言语的咒诅

● 言语可以是有意的或者无意的盟约,就是那些将我们生命中的司法权交给仇敌的盟约。
● 言语带有天上的能力,无论是祝福还是咒诅的话语。

箴 18:21
生死在舌头的权下,喜爱它的,必吃它所结的果子。

· 使徒雅各将伤害的言语描述为咒诅。

雅 3:7-10
各类的走兽、飞禽、昆虫、水族,本来都可以制伏,也已经被人制伏了;惟独舌头没有人能制伏,是不止息的恶物,满了害死人的毒气。我们用舌头颂赞那为主、为父的,又用舌头咒诅那照着神形象被造的人。颂赞和咒诅从一个口里出来,我的弟兄们,这是不应当的。

"言语咒诅"可以是自我加害的咒诅:
· "我很笨…"
· "我永远无法像…"
· "我将永远贫穷…"
· 唱自我毁灭的言语的抒情诗

"言语咒诅"可以强加给别人:
● "你无法做任何正确的事情!"
● "笨蛋!"(称呼名字)
● 特征化人(尤其是孩子)——"她如此笨手笨脚,经常笨拙的。"或者"他很害羞"。
●绰号

我们可能会遭遇言语咒诅的例子：

· 我们自己负面的自言自语。
· 从我们生命中权柄形象的咒诅(来自父母、老师、督导等的言语。)
· 来自他人的嫉妒、争论、诽谤和闲言闲语的咒诅。

拆除咒诅和期待自由

1. 拆除任何的司法权。

这借着承认任何有罪的行为来完成(使用4R)，并且/或者借着饶恕任何冒犯或 者咒诅过你的人。

2. 宣告你的释放。

第一步：承认你给了仇敌司法权的任何罪(和任何世代性的罪,如果有这种情况) 并且应用 4-R。

第二步:基于祂饶恕罪的应许,请求上帝除去放在你生命中的咒诅。

第三步:斥责与咒诅有关的魔鬼任何的行为和/或者影响,并奉耶稣的名来命令 与咒诅相关的魔鬼离开。

宣告的例子: "在耶稣基督的权柄之下,借着祂的宝血和复活,我用权柄胜过这个＿＿＿＿＿咒诅。我宣告它在我的生命中无立足之地,并且命令它现在就被挪去 的并被击破!"

3. 宣告弃绝任何不合理的咒诅。

这些可能是来自那些反对你的他人说过的咒诅言语,或者是你知道的人,或者是 那些与撒旦国度有分的人,他们可能因为你为基督作见证而以公开的方式咒诅你。这些言语咒诅不是由于你自己的罪或行为;因此,这里没有需要承认的罪——只是弃绝那些咒诅。

箴 26:2
麻雀往来,燕子翻飞,这样,无故的咒诅也必不临到。

第一步：大声的宣告,奉耶稣的名用权柄胜过咒诅,并立刻命令击破它。

宣告的例子: "在耶稣基督的权柄中,借着祂的宝血和复活,我用权柄胜过这个＿＿＿＿＿咒诅。我宣告它在我的生命中无立足之地,并且命令它现在就被挪去并被击破!"

第二步：奉耶稣的名弃绝咒诅,并命令任何与咒诅相关的魔鬼现在就离开你!

第三步：祝福和饶恕那些咒诅了你的人。

林前 4:12-13
并且劳苦,亲手做工。被人咒骂,我们就祝福;被人逼迫,我们就忍受;被人毁谤,我们就善劝。直到如今,人还把我们看作世界上的污秽,万物中的渣滓。

4. 洁净你的家庭和任何沾染不洁物体和/或者行为的生命。

书 24:15
至于我和我家,我们必定事奉耶和华。

5. 依靠与咒诅相反的灵行事---祝福的自由和能力

罗 12:14
逼迫你们的,要给他们祝福;只要祝福,不可咒诅。

• 当我们自由地谈论和祷告祝福他人,神定会祝福。
• 启发、鼓励和赐给他人力量的言语是从神而来的,被用来倾倒出祂的祝福在人生命中,当我们奉祂的名祝福他们。
• 当我们的话在口头的祝福中与神的言语和品格结合在一起时,我们成为神的能力可以流通的管道,更像一个发光棒成为电力的导体。发光棒提供了发光的路线,并引导光意聚焦的方式照射到地面。同样,我们祝福他人的言语可以成为神的能力流入他们生命中的通道。

我们可以将与世代性的罪、灵魂的束缚和咒诅相关的咒诅——打破——并用神的恩典、祝福、能力和爱来取代。这是脱离撒旦从开始就要夺去神为你奇妙的计划和旨意的诡计,而活出自由得胜生命的一部分。这是活出自由的美丽!

加 5:1
基督释放了我们,叫我们得以自由,所以要站立得稳,不要再被奴仆的轭挟制。

资源部分的介绍

在这个部分你会找到帮助你继续追求"活出自由"所需的资源。使用提供的想法、洞见、经文帮助你抓住并活出上帝对你的大爱和设计的真理。当你的心意被更新时，你就会被改变转化!

罗 12:2
不要效法这个世界。只要心意更新而变化,叫你们察验何为神的善良,纯全可喜悦的旨意。

以下包含了六个部分,你如何可以从生命中具体的营垒的问题中得自由,包括:

- 怒气
- 拒绝
- 消极
- 惧和不信
- 无足轻重和自卑感
- 羞耻和失望

你可以自己、与祷告伙伴或者在小组中使用这些清单。允许圣灵透过这些清单向你说话,让你看到这些营垒问题如何在你的心思、意念和生活中被建立。那些提供"活出自由"课程的教会,可以有一课是由训练的祷告团队来陪伴你祷告这些方面。如果有机会,我们鼓励你一定不要错失良机。当你开始"活出自由"的旅程时,来自基督里的弟兄姐妹的祷告一定会让你大受祝福和鼓励。

有记得"自由"不是说你不需要再面对或者处理这些问题。而自由真正的意思是这些问题不再有能力可以控制你。

要更完整地理解对不同营垒问题的处理,以及如何祷告,我们鼓励你获得一本《活出自由资源手册》,可以通过Sycamore出版社获得。(www.sycamorecomission.org)

愤 怒

《圣经》告诉我们,怒气带来毁坏和灭亡——对我们和周围的人都是如此。然而,神对我们的旨意是脱离愤怒的控制活出自由。箴言的作者说, "愚妄人怒气全发;智慧人忍气含怒 " (箴 29:11)。

你可能会惊讶的发现,怒气它本身,不是第一序情感或营垒。怒气是一种 "第二序情感 ",意味着是隐藏在它背后的其他问题引起并激发了它。这些问题可能是各种各样的伤害,因着不公义、背叛、被抛弃、被拒绝、怨恨、苦毒和不饶恕。

很多人的生活中总伴着较低程度的愤怒,并用此过滤他们所看,所听和所说的一切事情。有些人则挣扎于突然爆发的愤怒,甚至是盛怒之中。愤怒是一个很好的辨别工具,提醒人有更深和更大的问题需要被关注。

因为不能在一个境况中把愤怒阐述得清楚明白,这部分的设计只是作个介绍。用这里所学到的工具,你可以开始认识愤怒的动态变化(以及与它相关的营垒), 并开始拆除你生命中的那些营垒。你也可以获得工具、资源和深刻的见解,用此来装备自己一生追求不断地从愤怒、不公义和不饶恕相关的营垒中获得自由。

愤怒的根源

不公义

不公义最佳的定义是受到无缘无故的或本不当得的伤害,这些伤害以拒绝和/或苦难的方式出现。我们意识到自己没有做任何事情应当受到这样的遭遇,也不能寻求帮助。换句话说,过去的境况造成了今日的困境并且永远无法改变。

不公义通常在深埋的愤怒或深深的伤痛中表现出。紧紧抓住这些感受我们觉得很合理,因为我们遭遇了这些强加在自己身上的错误。我们认为自己有权利愤怒、悲伤或者苦毒。

通常,当我们在"自由"的进程中越走越远时,我们可以对过去发生的事情有更全面的认识。当有了这种认识,经常会出现不公义的问题。用全面的启示代替不完全的认识后,并且深入全面的饶恕那些给我们带来苦难或拒绝了我们的人,自由就来到了。我们释放了过去。我们放弃了理解的权利。我们放弃了愤怒、敌意、苦毒或者受伤的权利。

不公义对我们的生命有着巨大的影响。如果不知道它,我们可能一直在不公义的（真实的和以为的）一再重复的结果的乌云下劳苦。为了真正地活出自由,很重要的是我们每个人能理解在遇到不公义时伴随而来的张力和情感。

不饶恕

不饶恕很多时候直接与我们生命中的不公义相连。我们经常带着没有被医治的伤害,结果导致不饶恕地生活着。这结出了苦毒、愤怒和盛怒的果子,并给仇敌打开了大门,在我们生命中建立各样的营垒。松开不饶恕带来的捆绑,我们可以开 始被医治,也开始让神的爱从我们的生命流向他人。

当我们因着不公义或其他原因在任何方面被冒犯时,饶恕是必要的。在和好或重新恢复之前要偿付债务。这个债务可能是情感上的、关系上的、财务上的,或者身体上的;这个债务可能是背叛的结果或者与我们的声誉有关。不论什么情况,我们是这个债务的债权人。

为了饶恕,我们必须决定把冒犯者(或者冒犯的情况)从对我们的债务中释放出来。我们不再期待冒犯者(或冒犯的情况)可以偿付债务或者不公义。这正是耶稣所做的,他赦免了我们当付的罪和与他为敌的债务。

为了饶恕,我们必须决定把冒犯者从对我们的债务中释放出来。

识别怒气

下面的清单可以帮助你从不公义、不饶恕和怒气造成的捆绑中得释放。第一部分将帮助你识别怒气如何在你的生命中占据地位。标记出适合你的选项:

☐ 我觉得相当幸福,然后我陷入了一种突然改变的情绪中。

☐ 为了沟通某些我确定无疑的事情,我会提高我的声音。

☐ 我会向他人表现出不耐烦,我会时常表现出很恼怒("为什么他们就是不明白呢?")

☐ 我经常预料到另外一个人的可预期行为,当我看到真的那样实现时会变的很生气。

☐ 当其他人无法"理解我的想法"时我很生气,我希望别人和我有一样的想法,并且能够预期到我的需要。

☐ 当我的贡献不被认可时,我很生气。

☐ 当我感到不被尊重或者当我的言语不被认真对待时,我感到很气愤。

☐ 因为我头脑中的声音(咒诅自己或别人)我知道自己很生气。

☐ 当我不想听到另外一个人所说的,我知道我很生气。

☐ 当别人不把我作为优先时,我会很生气。

☐ 当我没有所需要的东西时,我很生气。

☐ 当人们不按照我所说的去做时,我很生气。

☐ 当我不能控制一个给定的情况时,我很生气。

☐ 当别人指出我的错误而给出建议时,我很生气。

☐ 当我感到工作、财务、个人责任或者期望的压力增加时,我会很生气。

☐ 我很容易为自己或者别人辩解很多。

☐ 我可以很快看到别人的错误。

☐ 我寻找机会旧伤重提。

☐ 我发现自己对他人的看法很负面或者批评他人。

☐ "我不该这样被对待"经常在我的脑海中出现。

☐ 我说我已经饶恕了,但是我心中经常回想起那些事情。

☐ 对别人可见的错误和过失我很容易变得沮丧。

☐ 我很容易变得不耐烦。

☐ 我觉得自己的生活比他人更艰难。

☐ 我认为,"我受到了不公平的待遇"。

饶恕是治疗怒气的良药。这就是为什么如此重要首先认识和经历上帝饶恕了我们的罪。上帝选择了看重祂饶恕我们的渴望,而不是抓住我们犯罪当负的责任(诗103:12;赛 43:25,55:7)。

饶恕是治疗怒气的良药。

不饶恕要求偿付。当一个人犯罪得罪了我们并伤害或触怒了我们,公义的感觉要求他们为了补偿过错,就要对我们作出公平的偿付。如果那个人没有能力偿还——或者选择不偿还——我们要么因不公义而愤怒,变得苦毒和生气,要么操练饶恕,带来平安。

饶恕并不是自然容易的,尤其是某些事对我们带来很大的伤害或损失时。

然而,当我们通过饶恕释放冒犯者,我们也将自己从抓住毁坏性的态度的影响中释放了出来。反应出是否真正饶恕的气压计,就是我们是否能够借着圣灵为那个伤害我们的人做个大有能力的祝福祷告。

识别不公义和不饶恕

下一部分帮助你识别可能受到的不公义,和/或者你生命中没有饶恕的领域,从你的原生家庭开始。这个详细的目录只是帮助你从生命中的不饶恕和怒气中得自由的一个工具。在你开始之前,请求圣灵对你说话。祈求主,如同大卫所做过的,"神啊,求你鉴察我,知道我的心思;试炼我,知道我的意念,看在我里面有什么恶行没有,引导我走永生的道路。"(诗 139:23-24)。

生父／继父

在你们的关系中有下面的成分吗?

☐ 恼怒：过度使用管教,或者错误形式的管教，使你精神上被压跨，或很困惑自己做错了什么。
☐ 控制／操纵
☐ 属灵领导力的缺失：父亲是否看顾家庭的属灵状况吗?
☐ 忽略：父亲与你有持续地在一起的时间吗?
☐ 抛弃：你一贯被留在电视机前或者被别人而不是你的父母照顾吗?
☐ 拒绝：你的父母想要你这个孩子吗? 你被父亲接纳吗? 你曾否感觉到自己不是父母想要的性别或者性格?
☐ 消极：你的父亲带领这个家庭吗? 你的父亲主动的表示吗? 他让你的母亲做上帝期待他做的事情吗?
☐ 批评：你的父亲批评你或者你的能力吗?
☐ 基于行为的接纳和爱：是否只有当你达到父亲的期待时，你才会得到言语上的鼓励?

☐ 酒精滥用
☐ 吸毒
☐ 色情
☐ 奸淫
☐ 离婚
☐ 身体虐待
☐ 情感虐待
☐ 性虐待

下面当行而被忽略的罪是你父亲没有做过的事情。经常的，这些罪如同，或甚至比他已经犯的不当行的罪所带来的破坏性更大。

☐ 不表达感情
☐ 不给予祝福
☐ 没有言语的鼓励
☐ 不管教

这些领域可能导致很大的伤害和苦毒：

☐ 你的兄弟或姐妹被对待的方式让你苦毒吗？
☐ 你母亲被父亲对待的方式让你苦毒吗？

如果你选中了前面清单中的任何一项，你需要将它们带到耶稣的十字架面前并将它们留在那里。我们简单地提供了一个祷告范文来帮助你这样做。有人和你一同祷告并当你如此做时支持你，会更有帮助。雅各书 5:16 告诉我们，当我们彼此认罪时，我们必得医治。

亲爱的主,我饶恕我的父亲(或继父)_____的罪(列出你需要原谅你父亲的所有的罪。一次完成所有的。)我以前没有饶恕我父亲的这些罪,我为着自己这样的罪请求你的赦免。饶恕我对父亲的苦毒、怨恨和怒气。我为着自己对父亲的悖逆请求你的赦免。现在我打破一切的咒诅、负面的想法，或者我对他的诋毁的话语。现在我用大能的祝福来代替那些咒诅!

亲爱的主，现在我想为我的父亲祝福祷告。(用你的全心和全力强有力地祷告；大声并用信心祈祷。)我祷告祢可以：

· 祝福他得到救恩
· 祝福他得到我今天找到的相同的自由
· 祝福他得到一颗全新的并柔软的心
· 祝福他的婚姻
· 祝福他的财务和工作状况
· 祝福他得到喜乐、平安、恩慈、爱和所有属灵的果子
· 祝福他可以从被定罪和羞耻中得自由并且他一切的伤害可以得医治
· 祝福他可以健康并长寿
· 祝福他从撒旦所有的诡计和计划中得自由

我宣告我爱我的父亲。我透过祢的眼睛看他,并且看到他的受伤和痛苦。我凭信心祈求,祢可以倾倒祢的火在他身上。主啊,求祢现在工作!我的锁链已经被打开,并自由地站在祢前面。为着十字架上的能力感谢祢。

(注意:如果你的父亲已经去世,祈求神可以祝福关于他的记忆和他生命的果子。)

带着确信,用你的全心和带着信心用下面的祷告文祷告,相信上帝现在就将用大能的方式工作。

天父,现在我弃绝那怒气、苦毒和不饶恕的生命。我弃绝报复的权利。我放弃看到公义的权利。我将与父亲之间的关系交托给祢,并且宣告现在它已经在祢的手中。我不再对那些只有祢可以做的事情负有责任。我要砍断那股绳!我斥责下面这些灵:

- 拒绝
- 愤怒
- 不饶恕
- 抛弃
- 苦毒
- 分裂

当苦毒的思想再次出现,斥责它们并站立得稳,不要再生气。如果可以,写一封短信告诉父亲你爱他,并写下对他诚实的祝福。不要在信中批评他,只是简单地祝福他并将结果交在神的手中。即使你的父亲已经去世,写出你的饶恕仍然会带来大能的属灵益处。

生母／继母

在你们的关系上有下面这些成分吗?

☐ 恼怒：过度使用管教，或者错误形式的管教，让你在精神上被压垮，或你很困惑自己做错了什么。

☐ 控制／操纵

☐ 属灵领导力的缺失：你的母亲看顾家庭的属灵情况吗?

☐ 忽略：你的母亲与你持续地花时间在一起吗?

☐ 抛弃：你一贯被留在电视机前或者被别人而不是你的父母照顾吗?

☐ 拒绝：你的父母想要你这个孩子吗? 你被母亲接纳吗?

☐ 消极：你的母亲带领这个家庭吗? 你的母亲主动的表示吗? 她让你的父亲做上帝期待她做的事情吗?

☐ 批评：你的母亲批评你或者你的能力吗?

☐ 基于行为的接纳和爱：是否只有当你达到母亲的期待时。你才会得到言语上的鼓励?

☐ 酒精滥用
☐ 吸毒
☐ 色情
☐ 奸淫
☐ 离婚
☐ 身体虐待
☐ 情感虐待
☐ 性虐待

下面当行而被忽略的罪是你母亲没有做过的事情。经常的，这些罪如同，或甚至比她已经犯的不当行的罪所带来的破坏性更大。

☐ 不表达感情
☐ 不给予祝福
☐ 没有言语的鼓励
☐ 不管教

这些领域可能导致很大的伤害和苦毒：

☐ 你的兄弟或姐妹被对待的方式让你苦毒吗？
☐ 你母亲对待父亲的方式让你苦毒吗？

如果你选中了前面清单中的任何一项,你需要将它们带到耶稣的十字架面前并将它们留在那里。我们简单地提供了一个祷告范文来帮助你这样做。有人和你一同祷告并当你如此做时支持你,会更有帮助。雅各书 5:16 告诉我们,当我们彼此认罪时,我们必得医治。

亲爱的主,我饶恕我的母亲（或继母）＿＿＿＿＿＿＿＿＿的罪（列出你需要原谅你母亲的所有的罪。一次完成所有的。）我以前没有饶恕我母亲的这些罪,我为着自己这样的罪请求你的赦免。饶恕我对母亲的苦毒、怨恨和怒气。我为着自己对母亲的悖逆请求你的赦免。现在我打破一切的咒诅、负面的想法,或者我对她的诋毁的话语。现在我用大能的祝福来代替那些咒诅!

亲爱的主，现在我想为我的母亲祝福祷告。（用你的全心和全力强有力地祷告; 大声并用信心祈祷。）我祷告祢可以:

· 祝福她得到救恩
· 祝福她得到我今天找到的相同的自由
· 祝福她得到一颗全新的并柔软的心
· 祝福她的婚姻

- 祝福她的财务和工作
- 祝福她得到喜乐、平安、恩慈、爱和所有属灵的果子
- 祝福她可以从定罪和羞耻中得自由，并且她一切的伤害可以得医治
- 祝福她可以健康并长寿
- 祝福她从撒旦所有的诡计和计划中得自由

我宣告我爱我的母亲。我透过你的眼睛看她，并且看到她的受伤和痛苦。我凭信心祈求,祢可以倾倒祢的火在她身上。主啊,求祢现在工作!我的锁链已经被打开,并自由地站在祢前面。为着十字架上的能力感谢祢。

(注意:如果你的母亲已经去世,祈求神可以祝福关于她的记忆和她生命的果子。)

带着确信,用你的全心和信心用下面的祷告文祷告,相信上帝现在就将用大能的方式工作。

天父,现在我弃绝那怒气、苦毒和不饶恕的生命。我弃绝报复的权利。我放弃看见公义的权利。我将与母亲之间的关系交托给祢,并且宣告现在它已经在祢的手中。我不再对那些只有祢可以做的事情负有责任。我砍断那股绳!我斥责下面这些灵:

- 拒绝
- 愤怒
- 不饶恕

- 抛弃
- 苦毒
- 分裂

当苦毒的思想再次出现,斥责它们并站立得稳,不要再生气。如果可以,写一封短信告诉母亲你爱她,并写下对她真诚的祝福。不要在信中批评她,只是简单地祝福她并将结果交在神的手中。即使你的母亲已经去世,写出饶恕的消息仍然会带来有力的属灵益处。

丈夫或妻子,前夫或前妻,男朋友或女朋友

在你们现在或过去的关系中有下面的这些成分吗?这些是犯了不当行的罪:

☐ 不忠或背叛
☐ 控制 / 操纵
☐ 属灵领导力的缺失：你的丈夫现在 / 曾经看顾家庭的属灵情况吗?
☐ 忽略
☐ 抛弃

很多人都有一定程度的怒气，妨碍他们所见、所闻、所说的一切。有些人挣扎于怒气乃至愤怒的爆发。怒气是一个很好的诊断工具，可以提示我们有某些更深、更大的需求应当被重视。

笔记:

☐ 拒绝
☐ 消极
☐ 批评
☐ 基于表现的接纳和爱
☐ 撒谎
☐ 酒精滥用
☐ 吸毒
☐ 色情
☐ 奸淫
☐ 离婚
☐ 身体虐待
☐ 情感虐待
☐ 性虐待

下面当行而被忽略的罪是你的丈夫/妻子没有做过的事情。经常的,这些罪如同, 或甚至比他/她已经犯的不当行的罪所带来的破坏性更大。

☐ 不表达感情
☐ 不给予祝福
☐ 没有言语的鼓励

　　如果你选中了前面清单中的任何一项,你需要将它们带到耶稣的十字架面前并将它们留在那里。我们简单地提供了一个祷告范文来帮助你这样做。有人和你一同祷告并当你如此做时支持你,会更有帮助。雅各书 5:16 告诉我们,当我们彼此 认罪时,我们必得医治。

亲爱的主,我饶恕我的丈夫/妻子＿＿＿＿＿＿＿＿＿＿的罪(列出你需要 原谅你丈夫/妻子的所有的罪。一次完成所有的。)我以前没有饶恕我丈夫/妻子的这些罪,我为着自己这样的罪请求你的赦免。饶恕我对丈夫/妻子的苦毒、怨恨和怒气。我为着自己对丈夫/妻子的悖逆请求你的赦免。现在我打破一切的咒诅、负面的想法、或者我对他/她的诋毁的话语。现在我用大能的祝福来代替那 些咒诅!

亲爱的主,现在我想为我的丈夫/妻子祝福祷告。(用你的全心和全力强有力地祷告;大声并用信心祈祷。)我祷告祢可以:

· 祝福他/她得到救恩
· 祝福他/她得到我今天找到的相同的自由
· 祝福他/她得到一颗全新的并柔软的心
· 祝福他/她的婚姻
· 祝福他/她的财务和工作
· 祝福他/她得到喜乐、平安、恩慈、爱和所有属灵的果子

- 祝福他／她可以从定罪和羞耻中得自由并且他／她一切的伤害可以得医治
- 祝福他／她可以健康并长寿
- 祝福他／她从撒旦所有的诡计和计划中得自由

我宣告我爱自己的丈夫/妻子。我透过你的眼睛看他/她,并且看到他/她的受伤和痛苦。我凭信心祈求,祢可以倾倒祢的火在他/她身上。主啊,求祢现在工作! 我的锁链已经被打开,并自由地站在祢前面。为着十字架上的能力感谢祢。

带着确信,用你的全心和信心用下面的祷告文祷告,相信上帝现在就将用大能的方式工作。

天父,现在我弃绝那怒气、苦毒和不饶恕的生命。我弃绝报复的权利。我放弃看见公义的权利。我将与丈夫/妻子之间的关系交托给祢,并且宣告现在它已经在祢的手中。我不再对那些只有祢可以做的事情负有责任。我砍断那股绳!我斥责下面这些灵:

- 拒绝
- 抛弃
- 愤怒
- 苦毒
- 不饶恕
- 分裂

当苦毒的思想再次出现,斥责它们并站立得稳,不要再生气。如果可以,写一封短信告诉丈夫/妻子你爱他/她,并写下对他/她真诚的祝福。不要在信中批评他/她,只是简单地祝福他/她并将结果交在神的手中。

从愤怒中得自由

1. **悔改**（Repent）：为着愤怒、不公义和不饶恕在你生命中的刻痕悔改。使用前面几页中的清单画出这些并在上帝面前承认它们。

2. **斥责**（Rebuke）：斥责仇敌的谎言和他的权势。使用权柄胜过他欺骗你的各样诡计，这是他用敌意和应有的权利将你囚禁在愤怒和怨恨的高墙之内。

3. **代替**（Replace）：用饶恕代替愤怒。不断地更新你的心思意念，借着默想神的话语，在祷告和敬拜中与他同在并透过与你的家人、朋友和教会的团契生活。

4. **接受**（Receive）：接受上帝恩典的饶恕并被祂的圣灵充满。祈求祂给你对祂的大爱和饶恕全新的和个人的认识。

从怒气中得自由的生活

宣告下面的声明：

- 我将饶恕别人如同神已经饶恕了我。
- 我将选择面对问题，愿意饶恕得罪我的人并将结果交托给神。
- 我将活在饶恕他人的生活方式中
- 我将越来越认识到我过去的伤害永远不会逃离上帝的眼睛。
- 我将不会进入撒旦设立的不饶恕的捆绑之中
- 我将会饶恕他人,不论他们对我如何回应。
- 我将让别人看见上帝的恩典、怜悯和饶恕在我身上的工作。
- 我将认识并知道,饶恕带来自由并将我从过去和现在的伤害中释放出来。

在你的生活中操练下面的步骤，开始真正的从怒气中得自由而活：

- 祈求上帝显明你心中对谁的感觉不正确。当上帝显明的时候列出这些名字；捆绑仇敌会激发的任何不健康的内省活动。同时,查验自己是否对上帝或自己有任何的苦毒,如果你列下了一些人的名字,并包括对这些人是否有任何的苦毒。

弗 4:26-27
生气却不要犯罪，不可含怒到日落；也不可给魔鬼留地步。

• 如果,你饶恕了某人对你主要的伤害,然后又想起一些具体的,可能很小的受伤的事情,不要让你的感情重新郁积。相反,当场要把这些具体的事情和伤害交托给上帝。

• 告诉上帝你愿意活在冒犯者所带来的持续的结果中,并在祷告中与祂分享这些。凭着信心和你在基督里的权柄,夺回撒旦借着不饶恕所占的地土。宣告现在它本当是你的,而撒旦通过不饶恕从你的手中偷去了。

• 如果你已经饶恕的某人的一些随后的行为挑起了你痛苦的回忆,并且你被试探要捡起过去的苦毒,立即将这个试探交托给神。

靠着上帝的话语而活

箴 19:11
人有见识,就不轻易发怒,宽恕人的过失,便是自己的荣耀。

箴 29:22
好气的人,挑启争端;暴怒的人,多多犯罪。

传 7:8-9
事情的终局,强如事情的起头;存心忍耐的,胜过居心骄傲的。你不要心里急躁恼怒,因为恼怒存在愚昧人的怀中。

弗 4:26-27
生气却不要犯罪,不可含怒到日落;也不可给魔鬼留地步。

惧怕和不信

我们大多数人都没有意识到恐惧在我们日常的生活中扎根有多深。我们生活在恐惧的文化之中:对恐怖主义的恐惧,对犯罪的恐惧,对癌症和疾病的恐惧,对被遗弃和拒绝的恐惧,对经济衰退的恐惧,还有很多。恐惧导致我们不信神的话语、品格和能力。

恐惧的本性是欺骗(借用假面貌或声明来使人误入歧途;诡计、误传、欺骗、误导、扭曲事实)。当我们感到恐惧时,就很容易利用剥削、操纵、欺骗和控制。仇敌很清楚这点并利用这点来达到目的。

圣经很清楚的指出,上帝希望我们能脱离惧怕。当我们按照以下的方式做时,就可以脱离惧怕获得自由:

- 让圣灵的能力来显明我们生命中恐惧的存在
- 通过饶恕和对真理的确信,将恐惧带到十字架前
- 让上帝借着他的能力和同在在我们的软弱上鼓励我们,并给我们力量
- 委身要完全相信上帝,祂的品格,祂的声音和祂的话语

惧怕的根源

惧怕不是从神而来。

提后 1:7
因为神赐给我们不是胆怯的心,乃是刚强、仁爱、谨守的心。

- 惧怕是不认识和/或者不了解神的品格和话语的结果。
- 惧怕是缺乏信心的结果。

太 14:30-31
只因见风甚大,就害怕,将要沉下去,便喊着说:"主啊,救我!"耶稣赶紧伸手拉住他,说:"你这小信的人哪,为什么疑惑呢?"

识别惧怕

惧怕惩罚:微小的平安、盼望、信心或喜乐

约一 4:18
爱里没有惧怕;爱既完全,就把惧怕除去,因为惧怕里含着刑罚,惧怕的人在爱里未得完全。

- 被恐惧驱动的灵修和祷告
- 与耶稣之间是以表现为基础的关系
- 害怕让上帝失望
- 惧怕上帝的惩罚

我们可能害怕的惩罚的形式:

- 上帝会收回属灵的恩赐
- 我们会缺乏与耶稣之间的深厚的亲密关系
- 苦难
- 上帝会对我们有所保留,会忽视我们,不听我们的祷告(好像我们必须像属世的关系一样来吸引祂的注意)
- 上帝会对我们生气或不饶恕我们

惧怕人(不安全感)

箴 29:25
惧怕人的,陷入网罗;惟有倚靠耶和华的,必得安稳。

赛 51:7
知道公义、将我训诲存在心中的民,要听我言!不要怕人的辱骂,也不要因人的毁谤惊惶。

- 害怕别人如何看待自己
- 害怕(想像中)别人会如何说我
- 害怕被那些亲近的人拒绝
- 害怕有权柄的人
- 害怕沟通
- 害怕自己的不足和与他人之间比较对自己不利(爱比较的人充满惧怕,因为他不相信上帝造他有更深远的目的)。
- 害怕面质
- 害怕别人对自己的意见
- 害怕互相监督

惧怕不确定性

申 28:66–67

你的性命必悬悬无定,你昼夜恐惧,自料性命难保。你因心里所恐惧的,眼中所看见的,早晨必说:'巴不得到晚上才好!'晚上必说:'巴不得到早晨才好!'

- 害怕不知道神的旨意或者错过神的呼召
- 害怕神不可信,不会透过我成就祂的目标
- 害怕自己不足而无法回应神的呼召
- 害怕现在自己委身于某些事情而导致错过更好的事情
- 害怕委身于某事工可能会导致我错过其他的机会
- 害怕委身于祷告事工
- 害怕委身参加教会
- 害怕给教会十一奉献
- 害怕神会对自己要求太多
- 害怕大声祷告而别人会评价我的祷告如何

惧怕新约的生活方式和神超自然的工作

路 8:37

格拉森四围的人,因为害怕得很,都求耶稣离开他们;耶稣就上船回去了。

- 害怕拯救
- 害怕有关魔鬼的真相
- 害怕医治
- 害怕迫害
- 害怕被认为失去平衡或者过于狂热
- 害怕跟随基督要付上的代价
- 害怕圣灵的工作
- 害怕错误的彰显
- 害怕属灵的争战
- 害怕在灵里看见的不会在物质世界中显现
- 害怕耶稣的事工中其他的元素/影响

惧怕失败

惧怕可以攻击我们的信心,有时造成我们所惧怕的失败,成为一种自我预言。在《圣经》中,我们经常读到人被神或者祂的使者吩咐,"不要惧怕!"我们不用惧怕任何事,包括自己的失败。

- 害怕会重陷入罪中
- 害怕我们无法脱离习惯性的罪或上瘾
- 害怕不会结婚
- 害怕在婚姻中失败
- 害怕离婚
- 害怕亲密关系和被人看到我们真实的样子
- 害怕我们的孩子不会"被培养出来"
- 害怕不会在某个好的职业中成功
- 害怕试探
- 害怕让父母或者我们尊敬的人失望

惧怕坏消息或者环境

诗 112:7-8
他必不怕凶恶的信息;他心坚定,倚靠耶和华。他心确定,总不惧怕,直到他看见敌人遭报。

- 害怕有分歧的消息
- 害怕罪的消息
- 害怕教会中、事工中或商业中的数字低
- 害怕坏消息
- 害怕环境会变得艰难
- 害怕反对基督徒组织的兴起
- 害怕家庭成员会受伤或被杀
- 害怕自己的财政状况会突然下降
- 害怕"最糟糕的场景",即使真实中什么也没有发生

惧怕过去被人知道(和可能的后果)

赛 54:4
不要惧怕,因你必不至蒙羞;也不要抱愧,因你必不至受辱。你必忘记幼年的羞愧,不再记念你寡居的羞辱。

- 害怕告诉配偶自己过去性方面的罪
- 害怕因着过去受羞辱
- 害怕我们的过去会使自己丢脸,或者会阻碍或阻止神在我们生命中的工作
- 害怕神会惩罚我们的过去
- 害怕神对我们现在正挣扎的罪的惩罚
- 害怕承认自己有同性性欲的挣扎和如果承认别人会如何看待我们
- 害怕因曾经堕胎而有的羞辱和罪恶感
- 害怕我们不会从过去所受到的伤害或创伤中被医治(包括传染性性病)
- 害怕被发现"我们的真实面貌"

突然的不自然的惧怕(经常来自于撒旦)

箴 3:24–25
你躺下,必不惧怕;你躺卧,睡得香甜。忽然来的惊恐,不要害怕,恶人遭毁灭,也不要恐惧。

- 害怕孤单
- 无望
- 难以忍受的惧怕
- 害怕死亡
- 害怕生病
- 害怕癌症
- 害怕配偶、孩子或家庭成员死亡
- 害怕缺乏供应(不得不生活有缺乏)
- 害怕犯罪和/或恐怖主义
- 害怕事故

识别不信

不信似乎对大多数的基督徒无关痛痒。这只是一个单纯的缺点--不是吗?我们认为它更多是实践性,警告或智慧的事情。事实上,不信是严重地,顽梗地或悖逆地怀疑神的话语、作为和品格,并且它通过言语行为都表达出了那些怀疑。它声称我们对现实比神有更好的判断。它更重视我们自己的臆断、预先假设、偏见和惧怕。

思想不信的一些特征:

- 关于神能做什么与不能做什么,祂会做什么或不会做什么,以及祂如何做或不会如何做,都会编造自己的想法
- 不论是个人还是在团体中,都找到自己的方法来完成神的工作

- 向内看而不是向上看。正如辛杰米牧师在《烈风信心》(Fresh Faith)中所写的,"不信是对向自己倾诉而不是向神倾诉"。

不是寻求上帝和按着祂的属性和应许凭信心而行,而是我们依靠自己的聪明,自己的方法和自己在生活和事工中的长处。这种不信的倾向经常扎根于惧怕、骄傲、悖逆或者其他的罪:

- 当被惧怕驱动,不信可能会显现在自我保护的应对机制,与处理不安全感和自卑感遇到的方式相似。
- 当不信来自于骄傲或者悖逆时,它会以现实主义、理智主义或实用主义掩饰。
- 在教会中,不信经常穿着批判的宗教的属灵外衣,正如耶稣时代的法利赛人。

虽然它可能掩藏的很深,不信决不会不被看到或者不被注意。圣经清楚的指出,神看不信为严重的罪,并要严厉的惩罚它。大有信心会相信上帝———并按照如此行动！耶稣说过,大有信心认为在上帝没有难成的事,并且可以移山。正如我们在希伯来书11:6中被提醒的,没有信心就不可能得神的喜悦。

不信似乎对大多数的基督徒无关痛痒。事实上,不信是严重地,顽梗地或悖逆地怀疑神的话语、作为和品格,并且它通过言语行为都表达出了那些怀疑。

不信的果子

- 阻碍神的同在和在我们生命中的能力
- 敞开了反对的大门，尤其是对神，并且很多时候是对那些顺服上帝的人
- 滋养了怀疑的根基
- 阻碍祷告
- 导向不稳定
- 滋生了批评的态度
- 使神的百姓对圣灵和属灵的事情不敏感
- 毒害别人
- 促进了傲慢和骄傲
- 破坏人对神的话语和祂的属性的认识
- 抬升自己的标准作为正确的标准,甚至把它放在高于主的标准之上
- 使他人灰心沮丧和削弱他们的信心
- 招致神的失望、愤怒和不悦
- 阻碍圣灵的释放和活动
- 引起控制

识别不信

当你考虑以下的清单时,请求圣灵来鉴察你的心。选出所有适合你的选项:

☐ 我发现自己很失望—甚至被冒犯—神似乎没有像我认为祂应该工作的方式来工作,或者按照我喜欢的方式答应我的祷告。

☐ 当我听到别人经历神的同在、能力和应允的祷告时,我很怀疑。我通常的第一反应是试图去分析或反驳他们的言论。

☐ 我试着将批评的灵假冒为比里亚人的灵（"属灵的分辨力"和"保护"—参看徒 17:11）

☐ 我对教会和事工中领袖的方向和方法很不满意。

☐ 我倾向于怀疑别人。

115

❏ 我常想圣灵为什么不对我说话,或者像祂使用别人那样大有能力地使用我。

❏ 我怀疑上帝是否真的像别人所说的那样对他们说话或使用他们,因为我并没有看见祂对我说话或者用那些方式来使用我。

❏ 我倾向于自我满足和不依赖别人;如果我诚实地面对,我倾向于自我满足和不依赖上帝。

❏ 我首先认为人和环境是不可能的,而不是在神是可能的。

❏ 我不确信通过耶稣基督自己有属灵的权柄。

❏ 我没有动力要一直祷告,我也没有兴趣为别人代祷或者为属灵的争战祷告。

❏ 祷告经常是我最后求助的方式。我试着首先自己解决事情和问题。我的行动表明我相信上帝只帮助那些自助的人。

❏ 当我感到灰心沮丧、害怕、无望、受伤等时,我屈从于习惯性的行为和上瘾（应对机制)来安慰自己。

❏ 在特定环境里,我是基于自己的惧怕做决定,而不是基于我感到上帝希望我做什么而做决定(去哪里,如何到那里,我的配偶/孩子们可以做什么,或者他们可以去哪里,等等)。

❏ 我认为我的情况、我的罪、我的恐惧、我的婚姻、我属灵的生命、我的(你可以填空)永远不会改变。

❏ 当我收到糟糕或者悲伤的消息,甚至是暗示一些糟糕或悲伤的也能发生时, 我会被吓坏。

❏ 我倾向于感到担心、害怕和焦虑很多事情。

❏ 我害怕我的孩子或其他的家庭成员永远不会得救。

❏ 我试图控制别人、情况、甚至神,因为我害怕交托给神让祂来照管他们,引导他们,保护他们,拯救他们等等。

❏ 我怀疑今日圣灵超自然的工作。

❏ 我害怕冒险来勇敢无惧地祷告和服事他人,比如在医治或属灵得自由的方面。

❏ 我害怕迈出信心的脚步来回应上帝给我的或在基督的肢体里他人的确定的启示。

❏ 可见的环境比上帝写下的道,说过的话或者上帝的属性对我有更强的影响力

击开惧怕和不信的捆绑

• 认识到在每个惧怕之后都潜伏着一个谎言。当我们相信一个关于预期的危险、冲突或者苦难的欺骗时,惧怕就会在我们生命中扎根。问题不是潜在的情况。问题是我们相信谎言,关于上帝的能力(或者所察验出的能力)的谎言。这些能力是为我们生命中的每个环境保护、供应、安慰、赐力量和装备我们。

• 你必须决定用圣洁的愤怒来恨恶惧怕和不信的罪。惧怕会让神的心伤痛,因为这否认了祂奇妙的供应和保护的真理。惧怕会激起对上帝和祂的属性,话语和能力的不信。

- 承认所有具体的惧怕和不信的罪。
- 请求上帝向你显示你还不知道的任何的惧怕的领域和根基。考虑询问别人和你一起为这祷告。他们可能会对你惧怕的盲点有看见或受到圣灵的启示。
- 奉耶稣的名弃绝惧怕和不信,并靠着耶稣的名和宝血来斥责仇敌。坚定的命令仇敌离开,并在信心中站立地稳(使用 4Rs)。

然后在与你的惧怕"相反的灵"中行动——向着相反的方向。仅仅承认自己的惧怕还不够;现在你必须有力地面对它们,接受上帝的爱和应许,并用对上帝的话语和属性的确信来取代所有的不信。

> 每次我们迈出信心的步伐,而超自然的事情发生,我们的信心——和自信——被加强。当信心成长,惧怕就会减弱!

脱离惧怕和不信自由而活

当我们在想要活出自由的意愿和能力上成长时,我们被挑战要面对以前没有或很少有经验的领域。我们会查验自己的身体、心理和情感的资源,并意识到它们不足或者生命、事工和属灵的争战的要求。我们开始看到靠着自己的力量(自然的) 能做什么的和靠着圣灵的能力(超自然的)能做的事情之间巨大的差距。

当我们不看自己的双手和不足时,并当我们迈出信心的脚步来做耶稣告诉我们会做什么,应该做什么和可以做什么时,那个差距就有了桥梁!

117

做以下的宣告：

☐ 我会弃绝惧怕和怀疑,并用信心和对上帝的话语、品格和能力的确信来取代它们。

☐ 我不会靠着我所看见的,用我自然的理解力或情感的反应和惧怕而活,而是按照神的话语和启示的应许而活。

☐ 我会一直寻求去尊崇祂,并且我将不会羞辱祂或者那些凭信心来顺服上帝而活的人。

☐ 我将每日祈求上帝增加我的信心。

☐ 我将花更多的时间在上帝的话语上,这样我可以更全面地认识上帝的作为、属性和应许。

☐ 我将学习聆听祂的声音并依此行动。

☐ 我将不会因为害怕顺服神而带来的自然结果,因此活在悖逆中。

☐ 我将不会把不信、批评的灵隐藏在成为实际的、审慎的或 "比里亚人" 的伪装下。

☐ 我将会等待神来成就祂的应许;我将不会依靠自己的计谋、虚假的安慰、应对机制或者控制。

☐ 我将勇敢地迈出信心的脚步,按着耶稣的方式来服事。

☐ 我将靠着耶稣基督里所拥有的属灵的权柄自信地生活和服事。

☐ 我将不靠自己的情感和环境而活,全心地相信上帝会供应我,保护我并赐我力量。

☐ 我将不会害怕或反抗圣灵超自然的工作。

☐ 我将在自己周围培养信心的文化,从我的家庭开始,接着包括我的服事、我的教会家庭和我的朋友们。

靠着上帝的话语而活（和合本）

惧怕

诗 23:4

我虽然行过死荫的幽谷,也不怕遭害,因为你与我同在;你的杖,你的竿,都安慰我。

箴 12:25

人心忧虑,屈而不伸;一句良言,使心欢乐。

赛 8:12

这百姓说同谋背叛,你们不要说同谋背叛。他们所怕的,你们不要怕,也不要畏惧。

赛 41:10、13

你不要害怕,因为我与你同在;不要惊惶,因为我是你的神。我必坚固你,我必帮助你,我必用我公义的右手扶持你。因为我耶和华你的神必搀扶你的右手,对你说,不要害怕!我必帮助你。

马太福音 28:20
凡我所嘱咐你们的，都教训他们遵守，我就常与你们同在，直到世界的末了。

使徒行传 18:10
有我与你同在，必没有人下手害你，因为在这城里我有许多的百姓。

腓立比书 4:6
应当一无挂虑，只要凡事借着祷告、祈求，和感谢，将你们所要的告诉神。

不信

诗篇 78:19 – 22
并且妄论神说：神在旷野岂能摆设宴席吗？他曾击打磬石，使水涌出，成了江河；他还能赐粮食吗？还能为他的百姓预备肉吗？所以，耶和华听见就发怒；有烈火向雅各烧起；有怒气向以色列上腾；因为他们不信服神，不依赖他的救恩。

马太福音 6:25 – 30
所以我告诉你们，不要为生命忧虑吃什么，喝什么；为身体忧虑穿什么。生命不胜于饮食吗？身体不胜于衣裳吗？你们看那天上的飞鸟，也不种，也不收，也不积蓄在仓里，你们的天父尚且养活它。你们不比飞鸟贵重得多吗？你们哪一个能用思虑使寿数多加一刻呢？何必为衣裳忧虑呢？你想野地里的百合花怎么长起来；它也不劳苦，也不纺线。然而我告诉你们，就是所罗门极荣华的时候，他所穿戴的，还不如这花一朵呢！你们这小信的人哪！野地里的草今天还在，明天就丢在炉里，神还给它这样的装饰，何况你们呢！

马太福音 13:58
耶稣因为他们不信，就在那里不多行异能了。

希伯来书 11:1
信就是所望之事的实底。

希伯来书 11:6
人非有信，就不能得神的喜悦；因为到神面前来的人必须信有神，且信他赏赐那寻求他的人。

自轻与自卑

笔记:

据说马丁路德曾经说过,你从马的哪一边摔下来不重要——不论哪一边,你都已经摔下了马!这很符合撒旦要使我们与神的爱隔绝的逻辑。一方面他说服我们相信我们不需要神的爱和饶恕。我们相信我们现在的样子很好。这是骄傲。

但是另一个相同阴险的诡计是欺骗我们相信我们不配得神的爱和饶恕。在这种情况下,我们拆毁自己。我们集中在自己的不安全感和不足上,颠簸在自怜和自我厌恶中,并陷入了被拒绝、定罪和不安全的囚禁中。我们称这个营垒为不重要感和自卑。

不重要感和自卑的根源

不重要感和自卑的营垒用谎言过滤了我们对现实的认识,认为我们并不是因为自己是谁而被爱和重要——而是我们(和别人)是由地位、能力、外表,身份、成功、财富、职业或服事来评价的。我们无法认识到自己被神无条件地爱着和看重。这个营垒维持着一个没有盼望、挣扎和绝望的恶性循环:毫无盼望,我们永远无法成为想成为的人,也无法做我们想要做的事情;努力挣扎想要使它们实现;但当我们失败时便绝望和自我定罪谴责。

识别不重要感和自卑

不重要感就是相信我们在排位(不重要,没有价值)和身份上低于别人,在质量上比别人差,或者不合格。它坚持认为上帝不能(或者不会)像祝福他人那样祝福我们。它假定这是事情没有实现或者出错了的原因,或者为什么我们的祷告没有被应允的原因。不重要感扎根于来自仇敌的谎言和标签,仇敌从我们一出生就攻击我们。

- 不重要感扎根在过度的关注自己,将自己与他人比较时感到不足。
- 不重要感使我们挣扎在自怜、怒气和贪婪中。
- 不重要感说服我们相信自己没有归属,并且我们总是吃亏(自怜)。我们几乎在所有事上都看到别人如何比我们更伟大(或者更有意义)。
- 不重要感使我们相信上帝并不看我们或者对我们微笑,所以我们拒绝相信祂对我们的生命有一个目的的应许。我们没办法因祂拣选了我们而喜乐。
- 我们带着隐藏的对人的怒气生活着,这些人可能代表那些过去拒绝了我们的群体,或者让我们觉得自己像二等公民的人。我们经常批评这些人,因为他们让我们感到自卑。我们会以很多不同的方式升起对他们的怒气。

不重要感和自卑的营垒过滤了我们对现实的认识。

思考下面的清单并祈求圣灵帮助你查验自己的心

我经常感到和认为(画出所有适合你的):

- ☐ 我什么都不是。
- ☐ 我很丑,很软弱也让人看不起。我没有什么东西可以给别人。
- ☐ 我不是一个"真正的"男人/女人。
- ☐ 我认为人们并不想和我说话,因为他们比我优越。
- ☐ 当我经过其他人身边时我会低下头。
- ☐ 我不和人打招呼,因为没有人认识我,看起来也没有人在乎。
- ☐ 我很害羞(或者我经常被贴上"害羞"的标签)因为我和别人没有什么可以交谈的。
- ☐ 我们家中的每个人,包括我,都微不足道。
- ☐ 我没有看到上帝创造的我有任何优点(不感恩)。
- ☐ 我不喜欢自己。

不重要感引发了高度的自我意识

- ☐ 我经常不自然和过于关注内里。
- ☐ 我经常将自己和别人比较。
- ☐ 我发现自己经常想别人如何看待我,这导致一种更深的不安全感。

不重要感使我们在与他人的比较中看到自己的短处

☐ 我经常将自己和别人比较,通常感到不足。

☐ 我害怕与那些我认为比我优越的人谈话。

☐ 我垂涎别人所有的(朋友、婚姻、孩子、男/女朋友、工作、地位、财富、外表、技巧和能力)。

☐ 我嫉妒别人看起来的样子以及他们的言行。

☐ 我只与那些我认为与我平等或者不如我的人建立友谊。

不重要感使我们害怕或者逃避那些健康的,上帝给我们的可以带来生 命的成长的挑战(消极被动)

☐ 当分配任务时选择了另一个人而不是我时,我会感到松了一口气。

☐ 我害怕或者担心承担责任,因为我认为自己可能会失败。

☐ 我更喜欢隐藏自己,并不被分配任务。

☐ 我想要被分配简单的工作,可以用天生的能力就完成的任务。

☐ 我只选择做那些熟悉的事情。

☐ 我只与所熟悉的人说话。

☐ 我避免冒险(大声地祷告,在众人面前说话,担当领导或需要承担责任的位置)。

☐ 我非常害怕失败,所以我谨慎行事。

☐ 我更喜欢独自一人,因为这更安全、更简单和不费力。

☐ 我不能或感到不适合与他人分享福音("这是别人的工作")。

☐ 如果被迫参与一个需要冒险的活动,我急切希望它快点儿结束。

☐ 当被迫参与一个需要冒险的活动,我会变得疲惫和困倦。

☐ 在神的挑战中我找不到喜乐。

不重要感源于深深的不信,不相信我们的权柄和在基督的身体中上帝所赋予的地位。

☐ 上帝没有认真地对待我的祷告。

☐ 我很难相信上帝为了一个重要的目的选择了我。

☐ 我觉得我对上帝无足轻重。

☐ 当牧师谈到成为"基督的精兵"时,我感到他/她并不是在说我。

- ☐ 我觉得没有人知道我或看见我。
- ☐ 上帝不会对我说话。
- ☐ 我经常怀疑神在我生活中的同在。
- ☐ 我不相信我有权柄或属灵的"力量",我所做的都是不堪一击的。
- ☐ 我看不到自己天赋的使命(即使当别人试图告诉我时),或者我如何在上帝的国度中可以被使用。

不重要感在自怜中寻找安慰

我责怪别人没有看到我的任何优点。
我的父母没有一直鼓励我,所以这是为什么我不相信自己。
- ☐ "这就是我的性格特点——上帝创造我就是这个样子!"
- ☐ 我是艰难生活的牺牲品。
- ☐ 从没有人祝福我,所以不要对我期待太多。

不重要感孕育指责,批评那些与我们不同的人

- ☐ 我批评别人因为我不能或者不愿意按照他们的方式做事情。
- ☐ 当别人挑战我时我批评他们,因为"我无法改变。"
- ☐ 我批评别人因为我相信他们认为自己比我优越。

不重要感使我们无法祝福他人

我拒绝祝福他人,因为我没有什么东西可以给予。
我无法祝福他人,因为我对别人的想法/鼓励对他们无足轻重。
我无法祝福他人,因为我不希望他们议论我(我会被威胁和不安全)。

不重要感寻求人的认可

- ☐ 如果我没有被鼓励或承认,我感到被拒绝。
- ☐ 我做那些别人希望我做的事情。
- ☐ 我会说那些我认为别人会认可我的话。
- ☐ 如果别人认为我不好,我会感到不安全。
- ☐ 我讨厌没有解决的冲突。

不重要感会引起野心膨胀

- ☐ 我感到很难面对失败。
- ☐ 成功是我至关重要的优先。
- ☐ 我用成功来衡量自己和别人。
- ☐ 我认为成功是一定要被获取的。
- ☐ 我希望人们高度赞许我。
- ☐ 我很看重自己的声望。

笔记：

从不重要感和自卑中得自由释放

悔改

耶稣,我祈求祢赦免不重要感和自卑对我的生命和我周围生命的每一个方面的影响(尤其为你画出的每一项和任何你想起的与之相关的罪祷告。)我请求祢赦免我不信的罪,我不相信祢为我所定的路,也没有相信祢对我的大爱和计划。我看见它并知道这是罪。现在我悔改,并立志要打碎生命中无足轻重的感觉和自卑的模式。

斥责

奉耶稣的名和凭着耶稣的权柄,我斥责不重要感的灵。我用权柄胜过我生命中曾经交给不重要感和自卑的一切领域。怒气、嫉妒、争竞、自怜、不信、悖逆、不安全的灵和任何欺骗的灵都必须去到耶稣的脚下。靠着我在耶稣里的权柄,我奉耶稣的名弃绝和斥责一切会欺骗我关于神是谁和祂如何看待我的灵。

代替

我用有关神是谁以及祂如何看待我的真理代替仇敌一切的欺骗。我选择相信我是宝贵的、蒙神所爱并被他拣选的,并且祂没有留下一样好处不给我。

接受

主耶稣,我接受祢应许了的饶恕。我祷告并凭信心接受祢圣灵的浇灌,活出超自然的生命。我承认并接受我的重要性,祢对我的爱和喜悦,祢创造我是何等的有目标和奇妙可畏,并且祢对我的生命有奇妙的计划。

脱离不重要感和自卑活出自由

要真正地脱离不重要感和自卑的营垒活出自由,我们必须在一言一行中实际地活出基于在基督里已经被接纳和有重要性的事实上。接受、肯定,并实践这些真理!

神深深地爱你。当你认为自己很微小或者怀疑你存在的意义时,这对神是个侮辱。不要将上帝已经称为"洁净的"看为"不洁净"(徒 10:15)。

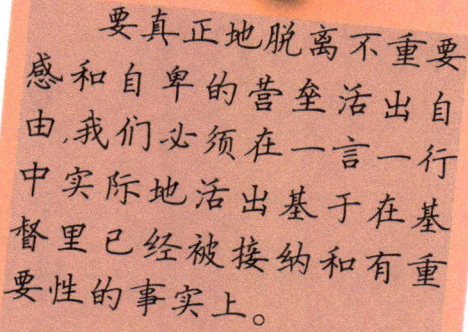

神已经高举你。他已经收养你,使你成为他的孩子,并称你为祂国度的尊贵圣洁的祭司(彼前 2: 9–10)。像这样活着!不要混淆谦卑和自我贬低。

神非常看重你。当你仍做罪人时,基督已经为你而死(罗 5:8)。为了救赎你,神向整个天国宣告了你的价值。不要认为你一文不值——你是用重价买来的。

神全然供应你。他很乐意将一切好的东西给你。他从来不让义人挨饿。他已经将为了完成呼召和祂的旨意所需要的属灵的恩赐给了你。不要被你自己的不足所压倒——祂将供应你一切的需要(腓 4:19)。

神已经为你认真的计划。他在建立世界的根基之前就已经拣选了你(读弗 1 章)。他有很长的时间想到你!

神已经给了你丰富的恩赐。当耶稣在十字架上胜过撒旦时,他带来了天空中的得胜并分发了他的掠夺物!战利品的一部分就是属灵的恩赐,为了争战和国度的建立他已经借着圣灵将恩赐分给了神的百姓(参考弗 4:7–13)。你已经在那个过程中为了具体的目标被赋予了具体的恩赐。

神因你有极大的喜悦。他甚至因你而欢呼歌唱!(番 3:17)。还记得耶稣受洗时祂所说的话吗? "…这是我的爱子,我所喜悦的。"圣经不断地告诉我们,我们在"耶稣基督里"。你是蒙爱的。你不需要证明你自己。父神已经悦纳了你!

125

靠着上帝的话语而活

箴 14:30
心中安静,是肉体的生命;嫉妒是骨中的朽烂。

耶 29:11
耶和华说:"我知道我向你们所怀的意念,是赐平安的意念,不 是降灾祸的意念,要叫你们末后有指望。

罗 12:6
按我们所得的恩赐,各有不同。

弗 4:7
我们各人蒙恩,都是照基督所量给各人的恩赐。

雅 3:16
在何处有嫉妒纷争,就在何处有扰乱和各样的坏事。

约壹 3:1
你看父赐给我们是何等的慈爱,使我们得称为神的儿女!我们也真是他的儿女。世人所以不认识我们,是因未曾认识他。

消 极

耶稣教导说,神的国度必须努力进入。他说,"从施洗约翰的时候到如今,天国是努力进入的,努力的人就得着了"(太11:12)。耶稣不是在说要靠暴力来建立神的国度。祂在谈论能力、努力、主动和行动。

耶稣在这段经文中使用的"努力"和"努力的"是希腊词biastes和biazo,意思是"激烈地挤压或者强迫某人进入"。同样的词也在徒27:41中用来指"被浪猛力地击打"。因为猛力的浪花无情和不停止地击打着岸边,所以我们的生命在 追求顺服神的过程也要充满能力地坚持不懈。

在希伯来书中"信心的篇章"中,作者谈论到那些信心将他们的软弱变成刚强的人——dunamis灵力事奉——我们在神的权柄和能力的那章中谈到的那种力量(参看这本手册的第四章)。这种转变使他们在战争中显出能力,把外在的敌人击退(来 11: 34)。靠着这种属灵的力量和能力,这篇继续说,有些妇女甚至得回从死里复活的亲人(35 节)!

为了真的脱离仇敌对我们生命的攻击自由而活,并为了神的国度在我们的生命和世界中行进,我们必须进入在耶稣基督里的力量、能力和权柄中。我们被称为(并被赐予力量)成为在祂里面"得胜有余"了(罗 8:37)。然而,被动的灵在寻找机会毁掉基督在你里面的能力和权柄。它要让你变得软弱、无能和无用。它攻击神创造你的起初设计的核心——就是成为神在地上的形象和权柄的承载者。

笔记:

消极的根源

消极的灵有很多方式可以扑灭上帝在你身上的火焰,但是它经常从心思意念中开始。为什么我们没有在生活中、关系中、活动中和事工中更有力量地行动?查找以下供给消极(或者缺少激情、主动和顺服)能量的根源:

· 灰心沮丧
· 懦弱无力,沉重
· 忧伤消沉
· 恐吓威胁
· 自我放纵
· 拖延
· 各种惧怕:害怕失败、害怕对抗、害怕拒绝等等。
· 自我决心/悖逆/独立
· 懒惰

识别消极

消极是在本应该敬虔顺服的地方没有行动。它包括了允许自己无益地行动,没有反对或反抗的屈服,在合乎圣经的顺服方面犹豫不决,还有缺乏开创。

· 消极不是来自上帝,它是一种悖逆的形式。
· 它发生在本应该采取主动的地方。
· 上帝呼召我们脱离被动。他呼召我们在信仰中要采取主动,在建立关系中主动,在服事中主动,还有在我们生命的每个领域里都主动行事。

箴 20:4
懒惰人因冬寒不肯耕种,到收割的时候,他必讨饭而无所得。

箴 10:4
手懒的,要受贫穷;手勤的,却要富足。

来 6:11–12
我们愿你们各人都显出这样的殷勤,使你们有满足的指望,一直到底。并且不懈怠,总要效法那些凭信心和忍耐承受应许的人。

以祷告的心思想以下的清单。祈求圣灵向你显明你生活中任何被动的方面。选出所有适合的方面:

消极是在本应该敬虔顺服的地方没有行动。

消极是独立的一种形式并且导致孤立

- ☐ 我抵抗互相依赖
- ☐ 我不寻求来自教会肢体的帮助
- ☐ 我不向教会肢体中的他人提供帮助/服事
- ☐ 我更认为自己是"私下的"基督徒
- ☐ 我是矜持的并且不爱交际的
- ☐ 我很不满教会中处理事情的方式,并且我很怀疑领导力(我可以看到很多缺点);看起来我最好保持一些距离并且不参与太多。
- ☐ 我倾向于观察他人的活动(社交上或在事工中);我很少感到有动力或者值得参与其中。
- ☐ 我觉得我不需要别人。
- ☐ 我觉得不配与他人建立关系。

消极是对抗或者悖逆的一种形式

- ☐ 借着没有支取耶稣已经给我的胜过罪的权柄,我对抗神的饶恕。
- ☐ 借着允许罪停留在我的生活中,我抵抗顺服上帝。
- ☐ 我没有寻求悔改。
- ☐ 我已经习惯了生命中的罪并对它们漠不关心。
- ☐ 我不相信用权柄胜过生命中的罪会带来任何益处。
- ☐ 我抵抗接受上帝的恩赐。
- ☐ 我不相信神会给我超自然的恩赐并透过我使用它们。
- ☐ 我不确定属灵的恩赐是可信的或者今天还存在;我想要与它们之间保持一个安全的距离。
- ☐ 我期待别人可能会收到恩赐,但是我不会。
- ☐ 我抵抗成为领袖,因为我不想要更多的责任或压力。
- ☐ 我不喜欢做别人在做的事情;我属于我自己。
- ☐ 我不适合"更多的参与",而且我不希望这样做会有压力。
- ☐ 我不适合成为领袖或者说话做事肯定。
- ☐ 如果(那个人)偶尔可以安静下来并让别人讲话/带领/开始,那么我可能会参与进来(批评、论断的灵)。

消极允许自怜停留在生命中

- ☐ 我习惯了恐惧和拒绝的感觉,所以我倾向于相信事情对我就是这样子的。
- ☐ 我对自己的状态感到很舒服。
- ☐ 我是个受害者;我不知道如何不成为一个受害者。
- ☐ 让我成为不属于自己的样子是别人的错误。我责怪别人让我变成现在的样子。

被动有时就是过于安逸

☐ 　我对自己现在的属灵状况很满足。我对现在与神同行的状态很满意。

☐ 　我很满足于自己的情绪状态。我已经常常挣扎于_____(比如沮丧、不安全、害羞、恐惧、孤独等等)。这就是事情本来的样子,所以我为什么要担心并试图得到"治愈"呢?

☐ 　我满足于自己的身体状况。我不关心别人如何看待我的外行。如果他们不喜欢他们所看到的,那也没办法。

被动对我们撒谎

☐ 　我不想走出去和开始着手或者我并不真的"会喜欢它"。

☐ 　如果我试图开始进行,我会失败的。

☐ 　这只是不像我。

☐ 　我没有什么问题,所以我不需要寻求改变或自由。

☐ 　至少自怜或做一个受害者会让人好受些。

☐ 　我不需要别人告诉我该怎么做。

击开被动的捆绑

悔改

为你生活中的每个被动方面悔改——包括你曾经使用过来寻求安慰、逃避、和/或者独立的方式。承认前面练习中每小部分的名字,和在每一部分你需要陈明的每个具体事情。祈求——并接受——上帝的饶恕。

斥责

斥责每个被动的邪灵,就是那些曾经用谎言攻击你的真实本相和呼召,造成你在生活的任何方面被动的邪灵。用耶稣基督的权柄来抵挡他们。按照神的道将他们踩在你的脚下。完全彻底地拒绝它们和它们在生活中的影响力。

代替

用神是谁和祂创造你成为怎样的人的真理来取代被动的灵。开始主动和有激情的生活,对主及祂里面的一切有激情——对祂和别人都是如此。立志借着采取主动和有进取心地追求祂和祂的道路,从而击开被动的模式。

接受

为你生活中被动的罪接受上帝的饶恕。接受祂洗净这个罪的献祭,并接受你已经被饶恕的真理!祈求并接受圣灵的充满,来赐你力量来过一个拒绝被动,拥有对神、对祂的荣耀、祂的国度和对祂的顺服主动和热情的生活。

脱离被动而自由生活

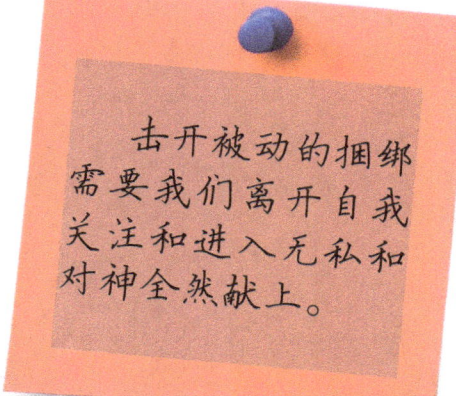

击开被动的捆绑需要我们离开自我关注和进入无私和对神全然献上。这同样要求我们操练信心,和耶稣已经给我们的能力和权柄。我们把自己的好意图、我们的自我放纵、和我们寻求安慰的方式放在一边,来渴望寻求顺服上帝。我们开始主动地祝福,服事和鼓励人,去做耶稣的工作和服事,并且胜过仇敌的每个诡计。

在你自己的生活中确信以下的真理和宣告:

• 我将主动与别人开始对话、活动等。我将走向他们,而不是等他们来走近我。
• 即使我觉得自己不喜欢,我将用权柄胜过比如自怜和受害者这样罪的模式。我将不允许罪停留在生命中。我会使用基督已经给我的权柄!
• 我将会做我知道我应该做的事情,即使当我真的不喜欢时。
• 我将特意不怕麻烦地去祝福、鼓励和服事人。
• 我将不假定别人会处理某些事。我将承担责任和采取行动。
• 我将不会混淆创造和平和被动。我知道无所行动并不是和平。耶稣是和平之子,但是祂总是强而有力地(属灵地和实际地)对抗邪恶、不公义和罪。
• 我将每天将祷告和读圣经作为我生活中的优先(不只是好的意图)。
• 我将不消灭圣灵的感动。我将不会让自己推脱,说:"这只是我的想像"或者"我以后再做…"
• 当圣灵指出我有罪的想法、言语、行为或态度时,我将立刻悔改并转向相反的方向。我将不会容忍忘生活中的罪。
• 当圣灵向我说话,并推动我来分享鼓励、关心、医治或者对别人的希望的话语时,我立刻就做!
• 我将看重自己所做的承诺和应许,如果我告诉别人我要做什么事情,我一定会做!

靠着上帝的话语而活

雅 4:17
人若知道行善,却不去行,这就是他的罪了。

箴 20:4
懒惰人因冬寒不肯耕种,到收割的时候,他必讨饭而无所得。

来 6:11–12
我们愿你们各人都显出这样的殷勤,使你们有满足的指望,一直到底。并且不懈怠,总要效法那些凭信心和忍耐承受应许的人。

徒 20:34–35
我这两只手常供给我和同人的需用,这是你们自己知道的。我凡事给你们作榜样,叫你们知道应当这样劳苦,扶助软弱的人,又当记念主耶稣的话,说:'施比受更为有福。'"

林前 9:24–25
岂不知在场上赛跑的都跑,但得奖赏的只有一人?你们也当这样 跑,好叫你们得着奖赏。凡较力争胜的,诸事都有节制,他们不 过是要得能坏的冠冕;我们却是要得不能坏的冠冕。

提后 2:6–7
劳力的农夫理应先得粮食。我所说的话你要思想, 因为凡事主必给你聪明。

拒 绝

我们处在一个看重胜利和尊崇胜利者的社会中。我们生活世界体系是一个选择首选的,拒绝其次的体系。差不多从出生开始,我们就知道最流行的、最吸引人的、最有才干的是"符合潮流"的。那些不符合的被描述为(我们大多数人)是"过时的"。因此,在某个具体的行动或态度控诉我们之前,舞台已经搭好了,我们每个人都要与拒绝争战。

拒绝是很多营垒、罪和机能障碍的基础。这是因为拒绝影响着一个人的整个人格。它不仅仅影响个人,同样也会影响着这个人的所有关系:婚姻、家庭、服事、工作和社交生活。当我们每个人开始在生活中前行时,世界体系已经为我们设好了舞台,就是"那在我们神面前昼夜控告我们弟兄的"撒旦权势下的世界体系(启 12:10)。当我们渴望爱和接纳时,却往往收到拒绝。我们慢慢相信那些关于我们自己的价值观,我们自己的意义感,神的爱和我们的天父的谎言。

然而,如果我们在基督里,我们不需要参与到这个世界体系中。我们没有被拒绝;我们已经被接纳(罗15:7)。没有任何事情可以使我们与父神的爱隔绝(罗8:38-39),我们决不能相信除此之外的谎言。相反,我们必须直面这些谎言,识别它们是什么以及它们来自哪里,然后用圣灵的宝剑——神的话语彻底地摧毁它们。

笔记:
_____
_____
_____
_____
_____
_____
_____
_____
_____
_____
_____
_____
_____
_____
_____
_____

拒绝的根源

- 父亲或母亲的缺席
- 缺少与父母的连结
- 父母的离异
- 是父母不想要的孩子;生成"错误"的性别
- 收养
- 与弟兄姐妹的竞争
- 各种形式的虐待(身体、情感、性)
- 父母的上瘾
- 家庭成员的羞耻
- 持续的吵架或冲突
- 不公正的管教
- 对子女的活动漠不关心
- 各种形式和程度的忽略/遗弃
- 有身体残疾或障碍
- 不满意自己的外表或能力
- 配偶的不忠
- 离婚
- 订婚或其他重要关系的中止
- 失去有价值的工作
- 忠实朋友的背叛
- 所爱的人未预料到的,过早的死亡
- 教会中灵性上的虐待、伤害或者背叛
- 种族偏见
- 等级差别

拒绝的结果

- 导致人们依赖自己的应对机制(虚假的安慰),取代了依赖神的圣灵的真理、 能力、和力量。
- 引起悖逆(拒绝导致悖逆),包括傲慢的态度、恶劣的言语、顽梗、蔑视、好斗、和攻击性的行为
- 增长了骄傲、自我中心和傲慢
- 为控制、操纵和占有欲提供了机会
- 强迫人去拒绝别人
- 导致人们拒绝接受别人的安慰
- 促进了残酷、怀疑和不信
- 导致自我拒绝(过低的自我形象、自卑、不安全感、不足、懊恼、悲伤)
- 导致自我控告和自我定罪
- 增强无能无力感或者拒绝沟通(很难与陷入深深的拒绝之中的人谈论问题)
- 激起和增强了恐惧、焦虑、担心、消极和悲观
- 繁殖沮丧、无望和绝望
- 引发自我毁灭的想法和行动
- 激起基于表现的生活、关系和服事
- 增强过度的成就、奋斗、竞争和完美主义

- 促使人们会退缩、孤立或者独立
- 培育自我保护、自我中心、自私和自义、自我崇拜、自怜(注意这些都是关于自己!)
- 滋养批评的灵、论断的态度、嫉妒、羡慕和贪恋
- 使人们困在情感的不成熟中

识别拒绝

在祷告中检查以下的清单。请求圣灵向你显明生命中任何拒绝的领域。选出那些你生命中有的:

没有任何事情可以使我们与父神的爱隔绝,我们决不能相信除此之外的谎言。

☐ 我经常将无论是正面的还是负面的事情都解释为负面。

☐ 我透过拒绝的眼镜来接受别人对我的看法。

☐ 我总会事后再次回想我的言行,结果我经常对别人如何看待我有负面的看法。

☐ 我发现很困难自由地走出去并操练自己的属灵恩赐。

☐ 我经常试图"做的过多"或者不断的从事情到事情,从工作到工作,从服事到服事,努力赚取上帝和/或者别人的赞赏和接纳。

☐ 我发现很难自由的接受别人,或者显出爱和欣赏。

☐ 当人们赞赏我时,我并不相信他们。

☐ 我有怀疑、质疑或者不信任权柄的倾向。

☐ 我倾向于怀疑和不信任别人对我表示的友好或者欣赏。

☐ 人们可能认为我是个严厉的人。

☐ 我挣扎于控制恶劣的言语和侮辱性的话语,尤其是当我生气的时候。

☐ 当遇到一些事情时,我立刻的反应是防卫或甚至是蔑视。

☐ 我不会和未得救的人分享我的见证,或者福音。

☐ 我很害怕自己,或者我所爱的人,没有被神拣选得到救恩。

☐ 为了我的家庭的安全和成功,我觉得自己需要控制我的家庭,这样他们将会爱和感激我。

☐ 我在关系中有占有欲。

☐ 我对自己的外表、能力和自己能在生活和事工中胜任的评估很低。

☐ 我倾向于沮丧。

☐我经常为事情恐惧和忧虑,比如人们将如何看待我或者我的孩子,我的努力将会变成什么结果,以及我将如何被供应和保护。

☐我需要被他人需要,所以我持续将自己放在一种环境中,就是别人没有我的帮助、我的同在、我的能力和我的服事就不能处理好情况的环境之下。

☐我不习惯于诚实地与人分享我最深的感受,即使是那些与我很亲近的人。

☐我很担心,如果我在妻子、丈夫、朋友或者别人(即使是那些亲近的人)面前显得脆弱,我将显得软弱,并在他们眼中失去权柄和尊重。

☐我很担心,如果我在妻子,丈夫,朋友或者别人(即使是那些亲近的人)面前显得脆弱,他们将会利用我并暴露我的软弱。

☐我会同时嫉妒和批评那些更有信心的人,还有那些更能自由地表达自己的人,或者那些比我有更多的朋友和机会的人。

☐我是好竞争和有野心的。我认为如果人们不爱我,至少他们会钦佩我。

☐我对孤单感到很舒服;别人也许会认为我是个"不合群者"。

虚假的拒绝

上面提到的这些有关拒绝的问题在现实中都有它们的根源——产生拒绝感的冒犯真地发生了。有两种形式的拒绝不是基于现实,而是猜测的拒绝和惧怕的拒绝。这些是真正的魔鬼的谎言,让人相信那些不会发生的拒绝是真实的或者是即将发生的。这些可以在生活中使我们麻木,夺去我们的喜乐,并迫使我们经常对别人可能正在想什么有所防备。

猜测的拒绝

☐ 我认为人们经常会谈论我,即使他们没有。

☐ 我相信人们会对我设阴谋,即使他们没有。

☐ 我经常把不论是正面的或负面的事情解释为负面的事情。

☐ 我透过拒绝的眼镜来接收别人对我所说的话。

惧怕(怀疑)的拒绝

☐我经常受到让人瘫痪的思想的攻击,比如:"我不能这样做!";"人们看我时会觉得怎么样?";"如果我这样穿、这样做、这样说、人们会如何想?"

☐我不能自由地走出去并操练我的属灵恩赐(去服事或怜悯需要帮助的人,鼓励和劝勉别人,等等)。

☐ 我没有在祷告或者个人的敬拜中经历到与上帝的亲密关系,因为我认为上帝会拒绝我。

☐ 我不习惯于群体性的敬拜,因为我担心别人会如何看待我。

☐ 我经常惧怕和担心我如何与别人连接,以及别人如何与我连接。

☐ 我并不会安慰或者鼓励别人,即使我感到他们需要时。

☐ 我不会凭信心和大胆地迈出信心的脚步,因为我害怕我会搞糟,或者人们不会接受我的付出。

☐ 在别人有机会伤害我之前,我会先结束彼此之间的关系。

☐ 我害怕与异性进入到委身的关系中,因为害怕我知道会发生的分手。

击开拒绝的捆绑

当你祷告脱离拒绝的营垒,识别和支取饶恕并祝福任何真实的或猜测的冒犯者。这可能会回到童年时代。不要觉得你必须一次解决所有的问题。这可能需要多次祷告来处理拒绝的营垒。使用 4R 来帮助你祷告:

悔改

为着拒绝和惧怕拒绝已经在你的生命中印下印记,并且你以犯罪的方式来回应而悔改。使用前面几页你标出的清单,来帮助你向上帝悔改。

斥责

斥责仇敌对你的谎言和他对你的影响力。用权柄来胜过他欺骗你并困住你的诡计,还有他使你与父神的爱和你周围的人隔绝的诡计。

替代

用真理、信心,和在神的爱里的安全感和对你的接纳来替代谎言。大声的宣告下面列出的真理。持续地更新你的心思意念,通过花时间读神的话语,通过祷告和敬拜经历祂的同在,通过与你的家人、朋友和教会成员的团契。

接受

接受上帝无条件的饶恕,和圣灵的充满。祈求祂给与祂的大爱全新的和个人化的关系。祂很喜悦回应这样的祷告。

> 当你祷告脱离拒绝的营垒,识别和支取饶恕并祝福任何真实的或猜测的冒犯者。

脱离拒绝自由而活

饶恕并祝福那些伤害过你或者(真实的或者猜测的)拒绝你的人。同样向那些仍在伤害和拒绝你的环境和情况这样做。记住撒旦想要激发你的苦毒、怨恨和愤怒。你拒绝饶恕伤害时,会变成不仅玷污你也会玷污你周围人的毒素或者癌症。这是为什么圣经重复地讲要饶恕别人的问题。

太 6:12、14–15
免我们的债,如同我们免了人的债。你们饶恕人的过犯,你们的天父也必饶恕 你们的过犯;你们不饶恕人的过犯,你们的天父也必不饶恕你们的过犯。

罗 12:20–21
所以,"你的仇敌若饿了,就给他吃;若渴了,就给他喝。因为你这样行,就是 把炭火堆在他的头上。"你不可为恶所胜,反要以善胜恶。

弗 4:31–32,5:1–2
一切苦毒、恼恨、忿怒、嚷闹、毁谤,并一切的恶毒(注:或作"阴毒"),都 当从你们中间除掉。并要以恩慈相待,存怜悯的心,彼此饶恕,正如神在基督 里饶恕了你们一样。所以你们该效法神,好像蒙慈爱的儿女一样。也要凭爱心 行事,正如基督爱我们,为我们舍了自己,当作馨香的供物和祭物献与神。

要对神对你伟大的、无条件的和无限的爱有信心。神创造你时没有犯错。你借着耶稣在十字架上的死亡和祂对你一直的信实和奉献向你显明祂的大爱。当你拒绝 和摧毁任何营垒和魔鬼有关 "拒绝" 的谎言,用神对你的大爱的真理来替代这些谎言。

约壹 3:1
你看父赐给我们是何等的慈爱,使我们得称为神的儿女!我们也真是他的儿女。 世人所以不认识我们,是因未曾认识他。

活在这些真理中。这意味着靠信心行动,而不是依靠感觉行动。这意味着即使当 我们害怕人们会拒绝我们时,仍要继续付出爱和自信地面对他们:父母、朋友、 孩子、同事、邻居和教会成员。这意味着饶恕和继续前行,即使当他们真地拒绝 我们。这可能包括做出并活出以下的确信:

- 我将会让自己沉浸在关于我是谁的神的真理之中:祂是如何地爱我,接纳我, 并向我显明祂的信实。我将不会接受仇敌的谎言,那些可能是从童年时代就深植 在心中并不断被加强的谎言,我不被爱,不被接纳,不配或者被拒绝。

- 我将按照神的话语来对待别人,而不是基于我自己的恐惧、伤害和不安全感。我将会饶恕并祝福他人。我将自由地爱和接纳别人。

- 我将鼓励、祝福和赞赏别人。

- 我将真实地向他人表达我的想法和感受,而不惧怕拒绝。

- 我将不再采取悖逆来表达我对被拒绝的愤怒。

- 我将不再试图为别人"做事情"来得到别人的爱和接纳。我将用自己属灵的 恩赐,在圣灵的带领和能力中来服事他人。

- 我将不惧怕在配偶面前表现软弱和脆弱。我将信靠上帝会支持我。

- 我将不会批评那些拒绝了我的人,或者那些我认为比我更自由,更被接纳或 者更有信心的人。

- 我将培养那些会安慰和鼓励别人的态度,主动的行动,和说积极的言语。

- 我将不会在自怜或者孤单中寻求安慰。

- 我将是真实的自己,享受上帝创造我成为的样子并对此感到舒服。

- 当圣灵给我机会时,无论什么时候或者是与谁,我都将分享自己在耶稣基督里的信仰。

笔记:

靠着上帝的话语而活

诗 13:1, 5–6

耶和华啊,你忘记我要到几时呢?要到永远吗?你掩面不顾我要到几时呢?但我倚靠你的慈爱,我的心因你的救恩快乐。我要向耶和华歌唱,因他用厚恩待我。

诗 27:1, 10

耶和华是我的亮光,是我的拯救!我还怕谁呢?耶和华是我性命的保障(注:或作"力量"),我还惧谁呢?我父母离弃我,耶和华必收留我。

诗 66:20

神是应当称颂的!他并没有推却我的祷告,也没有叫他的慈爱离开我。

赛 41:9-10

你是我从地极所领(注:原文作"抓")来的,从地角所召来的,且对你说:'你是我的仆人',我拣选你,并不弃绝你。你不要害怕,因为我与你同在;不要惊惶,因为我是你的神。我必坚固你,我必帮助你,我必用我公义的右手扶持你。

赛 54:10

大山可以挪开,小山可以迁移;但我的慈爱必不离开你,我平安的约也不迁移。"这是怜恤你的耶和华说的。

罗 5:8

惟有基督在我们还作罪人的时候为我们死,神的爱就在此向我们显明了。

罗 8:38-39

因为我深信无论是死、是生,是天使、是掌权的,是有能的,是现在的事、是将来的事,是高处的、是低处的,是别的受造之物,都不能叫我们与神的爱隔绝;这爱是在我们的主基督耶稣里的。

弗 3:17-19

使基督因你们的信,住在你们心里,叫你们的爱心有根有基,能以和众圣徒一同明白基督的爱是何等长阔高深!并知道这爱 是过于人所能测度的,便叫神一切所充满的,充满了你们。

赛 54:10

大山可以挪开,小山可以迁移;但我的慈爱必不离开你,我平安的约也不迁移。"这是怜恤你的耶和华说的。

羞耻与失望

羞耻使我们在生命的所有方面封闭自己。在它的阴影之下，我们试图塑造肤浅和有所保留的关系。我们不敢大胆并自信的行走在能力和权柄之中，这本是我们在耶稣基督里所拥有的。相反的，我们活在惧怕别人发现我们实际上（更确切的说，是我们认为）是多么的肮脏和不足之中。羞耻就像我们在生命中拖着的看不见的重担。

这不是上帝为祂的孩子所设计的生活。祂的话告诉我们："凡等候你的必不羞愧"（诗 25:3）。祂希望我们将羞耻的重担带到祂面前并让祂卸下我们的重担。但是只要我们的罪和羞耻仍然留在黑暗里，它们就是撒旦国度的一部分。他对这些有裁判权——可以说是合法的权利。当我们承认自己的罪并将它们放在光中，我们就打碎了撒旦的权势。我们被赦免。我们被洁净。我们得恢复。我们被称为义。我们得自由了！

约壹 1:9
我们若认自己的罪，神是信实的，是公义的，必要赦免我们的罪，洗净我们一切的不义。

赛 61:10
因他以拯救为衣给我穿上，以公义为袍给我披上。好像新郎戴上华冠，又像新妇佩戴妆饰。

无望经常与羞耻紧密相连。无望让我们觉得我们正在经受的痛苦、悲伤、沮丧和谴责永远无法被挪去。我们放弃了对幸福的盼望。我们放弃了对真实长存的自由的盼望。这同样是仇敌的一个谎言。

笔记：

识别羞耻和无望

羞耻的定义：不适当的行为引起的痛苦的罪恶感；与人所实施的行为和针对这个人而实施的虐待有关；通常回应隐藏的或保有秘密的一些事情。相关的词语：耻辱；丢脸；深层的难堪。

无望的定义：看不到解决或胜过问题的可能性；对顺利的结果没有期待；绝望；失望。

· 羞耻和无望通常被描述为某人感到应该一生背负的重担。
· 羞耻和无望不是来自于神。

诗 25:3
凡等候你的必不羞愧；惟有那无故行奸诈的必要羞愧。

诗 43:5
我的心哪，你为何忧闷？为何在我里面烦躁？应当仰望神，因我还要称赞他。他是我脸上的光荣(注：原文作"帮助")，是我的神。

· 羞耻是罪的结果

箴 13:18
弃绝管教的，必致贫受辱；领受责备的，必得尊荣。

耶 8:9
智慧人惭愧、惊惶、被擒拿；他们弃掉耶和华的话，心里还有什么智慧呢？

· 无望是没有全然接受和活在上帝丰富的爱中的结果

罗 5:5
盼望不至于羞耻。因为所赐给我们的圣灵将神的爱浇灌在我们心里。

选出适合你的内容：

羞耻

羞耻使我们只能发展肤浅的，有所保留的关系。

☐ 我害怕别人可能会发现这个罪。
☐ 我很难建立信任的关系，因为我排斥与他人变得"太个人亲密"。
☐ 我很害怕别人"看到"我丑恶的罪——这使我害怕与人太亲近，包括上帝。
☐ 我经常害怕如果这个罪被发现，别人会拒绝我。

羞耻造成了与自我谴责不断的争战。

☐我挣扎在自卑之中。
☐我倾向于负面地看待自己,并且不断地与关于自己的消极想法争战
☐当我与他人比较时,我几乎总是失败。
☐因为这个罪我痛责自己。
☐我试图抵消这些定罪的想法,试图通过让自己在其他的领域(工作、学校、运动等)成功。我以某种方式希望这样做可以反驳这些谴责的想法,但是我 从来似乎没有成功过。

羞耻带来深深的罪恶感和没有价值感,这会引发自我厌恶。

☐我觉得自己很肮脏,已经被毁坏的,或者像"破损的商品"。
☐我很难找到与上帝的亲密,因为我感到与祂很遥远。
☐我似乎很难原谅自己。
☐我觉得自己永远不会和一个敬虔的男人/女人结婚,因为他/她可能会发现这个罪并拒绝我。
☐我不相信我可以带领别人,因为这个罪使我不配。
☐我讨厌自己:我不会因为别人不想和我成为朋友而责备别人,因为我反正不配得到他们的友谊。

羞耻带来不断的对这个罪的提醒(视觉、记忆)。

☐我不断的想起这个罪。
☐我不断地要甩掉那令人羞耻的经历的记忆。
☐我不断地有关于这个罪的令人心烦的梦和幻觉。

羞耻夺去了被赦免的喜乐,阻挡了上帝的医治。

☐我觉得这个罪不可以被饶恕。
☐我很难相信上帝会赦免这个罪。
☐我不能告诉任何人这件事,包括上帝,因为这太令人羞耻了。

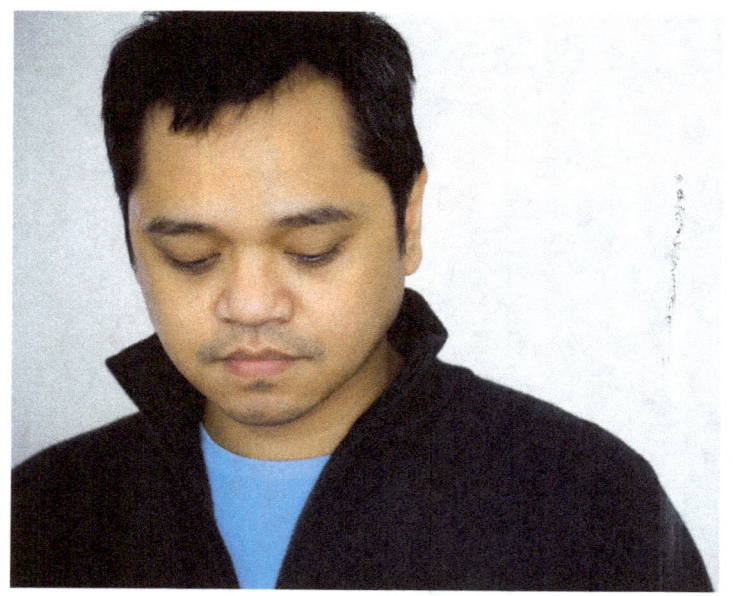

羞耻对我们说谎

☐ 没有人曾犯过如此严重的罪。
☐ 我做了最坏的事情。
☐ 我不能告诉任何人,因为他们会拒绝我。
☐ 我将永远不会洁净。
☐ 我将永远不能与别人建立深入的关系,因为我必须保证他们永远不会知道这个罪的真相。
☐ 我是个"已伤损的物品"。
☐ 我不配得到一个敬虔的配偶。
☐ 我没有价值。
☐ 我无法带领别人。

注意:羞耻将会紧紧抓住你,只要你害怕具体地指出那些会带来羞耻的罪。"所以你们要彼此认罪,互相代求,使你们可以得医治。义人祈祷所发的力量是大有功效的。"(雅5:16)。在进行4R之前,对一个人承认每一项罪。

不要有任何保留。一般来讲,男人应当向男人认罪,女人对女人。因为自我厌恶通常是羞耻的一部分,为此祈求上帝的饶恕。当你做完了这些步骤后,转向4R。

失望

消极被动加重了无望感。

☐ 花时间和神在一起对我很难。
☐ 白天我发现自己在想,"它有什么益处呢?"
☐ 我不会主动的与朋友、家人或者同事交流。
☐ 我期待别人靠近我并知道我的境况。
☐ 我不认为自己被别人需要,所以我放弃了与人建立关系或主动承担事情。
☐ 我不认为承认生命中的罪会有任何的益处,所以我不这样做。
☐ 我对神的事情(传福音、祷告、服事,神的话)没有热情。
☐ 我"允许"很多事情发生在我的生命中。
☐ 我认为充满盼望是风险很大的赌注。
☐ 我没有动力祷告或者读神的话语。
☐ 我对生活中的大多数事情,或者与神有关的事情都缺乏动力。
☐ 我感到罪将永远控制我,所以试图胜过它没有什么意义。

自怜和自省是无望的中心。

☐ 我的很多想法都是关于我,以及我能做什么和不能做什么。

☐ 我周围的很多人都挣扎于自怜。

☐ 诚实的讲,我没有很多亲密的朋友。

☐ 我对别人的期待很高。

无望经常与受害者情结和自卑同行。

☐ 我感到对自己的情况无能为力——似乎我活在别人的怜悯之下。因为别人对我所做的事情,我感到自己的生命被"困住了"。

☐ 我不愿意与别人分享我的朋友,因为我认为那些比我优秀或者比我拥有更多 东西的人会抢走我的朋友。

☐ 我觉得自己对东西和关系很有保护性和防御性,因为我害怕别人会从我身边 将它们夺去。

☐ 我在小组中分享觉得很不自然,因为我的想法或意见会被攻击或者打折扣。

☐ 我不能自信地或有信心地站出来打开新的局面。

☐ 我很少对自己有确信。

☐ 我在生活中会"谨慎行事",因为不想冒险失去仅有的资源(或者自信)。

☐ 我对上帝高举别人很愤怒,因为我觉得生活从来都对我不公平。

☐ 我活在被动的生活中。总是别人改变事情或者让事情发生。

缺少感恩,为无望开了方便之门

☐ 我很难想到有什么事情可以感谢神。

☐ 我记不清楚上次我真正感谢上帝看顾我的一切是什么时候了。

☐ 当我想要祷告和感谢神时,我被卡住了。

☐ 当我只有微小的盼望或者毫无盼望时,我为什么要感谢?

☐ 有时我想我是否能走出这种没有盼望的循环。

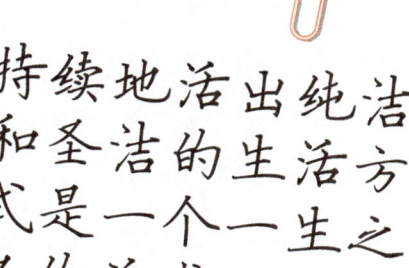

持续地活出纯洁和圣洁的生活方式是一个一生之久的追求。

从羞耻和没有盼望中得自由释放

悔改

主耶稣,我请求你赦免我背负着羞耻和/或无盼望的罪。我为着自己曾让它们成为我生命中的一部分而悔改。我明白了它们如何影响了我和我周围的人。我知道这是罪。羞耻和无望不是从祢而来!(重新回顾你画出的那些项,请求上帝在每一方面都饶恕你。)

斥责

主,我弃绝那羞耻和无望的生命和道路。那不能说明我是谁,也不能代表祢。我斥责一切通过羞耻、耻辱或无价值的想法来攻击我的羞耻的邪灵。我斥责那试图使我与天父的爱和生命隔绝的一切没有盼望和绝望的灵。我靠着耶稣基督的权柄来抵挡他们,并命令他们现在就逃跑离开我。他们是撒谎者,我将不会再听从他们和他们对我的欺骗。按着神的话语,我将他们放在我的脚下,并粉碎他们在我 生命中的权势。

代替

我用成为神真实和完全的孩子所带来的被接纳和承认来替代羞耻的生命。我用活在喜乐、平安、勇敢、无惧、力量、权柄和爱的生命来替代无望,这种生命将会 使世界来问我生命充满盼望的原由。我将活在勇敢无畏和充满信心的真理之中, 这真理是属于神的儿女。

接受

主耶稣,现在我祈求并凭信心接受你圣灵的充满,这样我可以活出超越羞耻和无 望的丰盛的生命。我行走在盼望、信心、能力和权柄之中,这些本是我作为万王 之王的孩子所拥有的。我被接纳,并是神的慈爱、恩典和荣耀的活的见证!

脱离羞耻和无望活出自由

在基督里得自由并行走在真实的纯洁和圣洁中的一部分需要我们的心思意念不断地被上帝的话语和祂的圣灵更新。参考这本书后面的资源,全部是谈到神的爱和饶恕,以及你在基督里的真实身份的经文。当仇敌回来折磨你的思想时,使用神话语的真理和你在基督里的权柄来抵挡并弃绝仇敌的谎言。默想神完全的饶恕的应许。这将会击败那指控你 "不洁净"的谎言,并且会安慰并提醒你真实的站立在神的面前。不要让原来头脑中的影像,别人的话语,没有价值或罪恶感的思想来定义你。那些不能定义你是谁!

然后你需要作出一些选择。持续地活出一个真实纯正和圣洁的生活方式,这是一生之久的追求;这不仅仅包括行为。它也包括我们所想的、所看的、所说的、以及所听的。不是因着律法主义而作出这些选择,而是因着重建的心和被圣灵充满而作出这样的选择。

笔记:

靠着上帝的话语而活

诗 33:18
耶和华的眼目看顾敬畏他的人和仰望他慈爱的人。

诗 119:114
你是我藏身之处,又是我的盾牌;我甚仰望你的话语。

赛 40:31
但那等候耶和华的,必从新得力。他们必如鹰展翅上腾,他们 奔跑却不困倦,行走却不疲乏。

珥 2:26
你们必多吃而得饱足,就赞美为你们行奇妙事之耶和华你们神 的名。我的百姓必永远不至羞愧。

罗 15:13
但愿使人有盼望的神,因信将诸般的喜乐平安充满你们的心,使你们藉着圣灵的能力大有盼望。

罗 8:1
如今,那些在基督耶稣里的就不定罪了。

以弗所书 2:10
我们原是祂的工作,在基督耶稣里造成的,为要叫我们行善,就是神所预备叫我们行的。

基督徒的生有权

我是世上的光，黑暗无法压制。	太 5:14
我活在基督的权柄之下，祂赐予我的力量胜过仇敌所有的权势。	路 10:17–20
我是真葡萄树的一部分，是基督生命与能量的管道。	约 15:1、5
我不会被定罪，在基督里我已经被完全饶恕并被称为义。	罗 8:1
我与基督同上帝的后嗣，与祂同享上帝的产业。	罗 8:17
在基督对我的爱里，我是安全的。	罗 8:35–39
在基督里，我已经完全胜过世界对我的影响。	罗 8:37–39
我是圣殿——上帝的居所。祂的灵与生命都住在我里面。	林前 3:16，6:19
我与上帝联合，属灵相通。	林前 6:17
我是基督肢体中的一员。	林前 12:27；弗 5:30
我是基督里新造的人，旧的事情都已过去。	林后 5:17
我已经与上帝和好，我是劝别人与上帝和好的使者。	林后 5:18–19
因为上帝的公义，我成为义人。	林后 5:21
在基督里，我是上帝的儿女。	加 3:26、28
我是上帝的儿女；祂是我的天父，祂对我的爱既亲切又博大。	加 4:6
我是上帝的后裔，因为我是上帝的儿女。	加 4:6–7
我是圣徒。	弗 1:1；林前 1:2；腓 1:1；西 1:2
在天国里，我与基督同坐；祂的权柄胜过撒旦的国度。	弗 1:19–23，2:5–6
我是上帝的杰作，由祂亲手创造；我在基督里重生是为要做祂的工作。	弗 2:10
我与上帝的众儿女同为天国的子民。	弗 2:19
我是上帝的光；借着基督在我里面的生命，我可以突破黑暗。	弗 2:19

我是反抗撒旦的战士，在基督里全然得胜。	弗 6:10–20
我与基督一同被上帝掩护；撒旦无法胜过基督，因而无法加害我。	西 3:3
我是基督生命的体现，因为祂是我的生命。	西 3:4
我是上帝的选民，圣洁、蒙爱，因此极受保护。	西 3:12；帖前 1:4
我是属天呼召的圣洁参与者。	来 3:1
我是基督的参与者；我分享祂的生命。	来 3:14
我是上帝的活石之一，在基督里被建造成为灵宫。	彼前 2:5
上帝的选民是君尊的祭司，是圣洁的民族，是上帝为自己拣选的百姓；我是这群选民中的一员。	彼前 2:9–10
在我暂居的世界上，我是异类也是过客。	彼前 2:11
我是魔鬼的仇敌。	彼前 5:8
我是上帝的儿女；当基督再来之时，我将与祂相似。	约壹 3:1–2
我由上帝所生，而那恶者——魔鬼——必须先胜过上帝才能触及我。	约壹 5:18

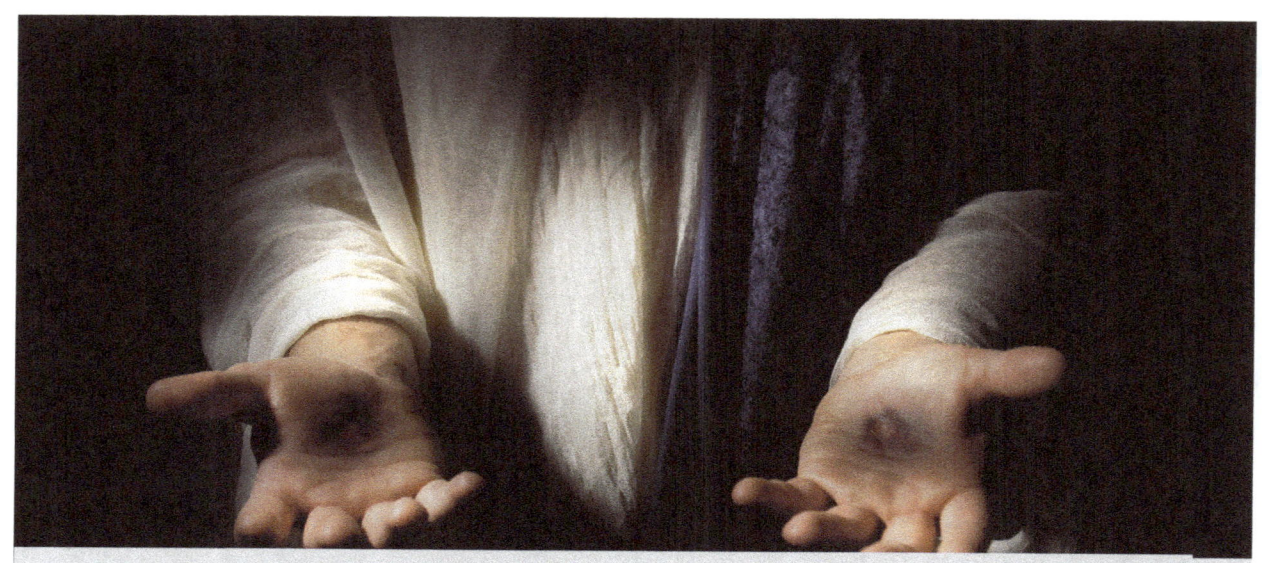

上帝的慈爱与宽恕

代上 16:34	应当称谢耶和华,因他本为善,他的慈爱永远长存!
诗 32:10	恶人必多受苦楚;惟独倚靠耶和华的,必有慈爱四面环绕他。
诗 57:10	因为你的慈爱高及诸天;你的诚实达到穹苍。
诗 86:13	因为你向我发的慈爱是大的,你救了我的灵魂,免入极深的阴间。
诗 103:17	但耶和华的慈爱归于敬畏他的人,从亘古到永远;他的公义也归于子子孙孙。
诗 106:1	你们要赞美耶和华!要称谢耶和华,因他本为善,他的慈爱永远长存!
诗 107:1、8、43	你们要称谢耶和华,因他本为善,他的慈爱永远长存!但愿人因耶和华的慈爱和他向人所行的奇事都称赞他。凡有智慧的,必在这些事上留心,也必思想耶和华的慈爱。
诗 117:1、2	万国啊,你们都当赞美耶和华!万民哪,你们都当颂赞他!因为他向我们大施慈爱,耶和华的诚实存到永远。你们要赞美耶和华!
诗 145:8	耶和华有恩惠,有怜悯,不轻易发怒,大有慈爱。
赛 38:17	看哪,我受大苦,本为使我得平安;你因爱我的灵魂(注:或作"生命"),便救我脱离败坏的坑,因为你将我一切的罪扔在你的背后。
耶 31:3	古时(注:或作"从远方"),耶和华向以色列(注:原文作"我")显现说:"我以永远的爱爱你,因此我以慈爱吸引你。"
珥 2:13	你们要撕裂心肠,不撕裂衣服,归向耶和华你们的神;因为他有恩典,有怜悯,不轻易发怒,有丰盛的慈爱,并且后悔不降所说的灾。
番 3:17	耶和华你的神是施行拯救、大有能力的主!他在你中间必因你欢欣喜乐,默然爱你,且因你喜乐而欢呼。
约 3:16	神爱世人,甚至将他的独生子赐给他们,叫一切信他的,不至灭亡,反得永生。

罗 8:38-39	因为我深信无论是死、是生，是天使、是掌权的，是有能的，是现在的事、是将来的事，是高处的、是低处的，是别的受造之物，都不能叫我们与神的爱隔绝；这爱是在我们的主基督耶稣里的。
弗 2:4-5	然而神既有丰富的怜悯，因他爱我们的大爱，当我们死在过犯中的时候，便叫我们与基督一同活过来（你们得救是本乎恩）。
约壹 3:1	你看父赐给我们是何等的慈爱，使我们得称为神的儿女！我们也真是他的儿女。世人所以不认识我们，是因未曾认识他。
尼 9:17	不肯顺从，也不记念你在他们中间所行的奇事，竟硬着颈项，居心背逆，自立首领，要回他们为奴之地。但你是乐意饶恕人、有恩典、有怜悯、不轻易发怒、有丰盛慈爱的神，并不丢弃他们。
诗 103:1-3	我的心哪，你要称颂耶和华，凡在我里面的，也要称颂他的圣名！我的心哪，你要称颂耶和华，不可忘记他的一切恩惠！他赦免你的一切罪孽，医治你的一切疾病。
诗 103:8、10、11、14	耶和华有怜悯，有恩典，不轻易发怒，且有丰盛的慈爱。他没有按我们的罪过待我们，也没有照我们的罪孽报应我们。天离地何等的高，他的慈爱向敬畏他的人也是何等的大！因为他知道我们的本体，思念我们不过是尘土。
哀 3:22	我们不至消灭，是出于耶和华诸般的慈爱，是因他的怜悯不至断绝。

行出不同

不再愤怒:
- 我不让愤怒控制我;我要思考并保持沉默。(诗 4:4)
- 我不含怒到日落。(弗 4:26)
- 在患难中,我要恒切祷告、耐心等候。(罗 12:12)
- 我不以怨报怨,我要忍耐并且善待他人。(帖前 5:14)
- 我要继续深爱他人,因为爱能遮掩很多的罪。(彼前 4:8)
- 无论我做什么都是由基督的爱来掌管。(帖后 5:14)

不再控制:
- 我要专心仰赖耶和华,而不依靠自己的聪明。(箴 3:5)
- 我不控制别人,我要看别人比自己强。(腓 2:3)
- 我要温柔地、谦卑地对待每一个人。(多 3:2)
- 我要存怜悯、恩慈、谦虚、温柔、忍耐的心。(西 3:12)
- 我要以尊重和顺从他人的方式来生活。(彼前 2:13–14)
- 我要为他人服务。(路 14:43)
- 我将永远不会有所缺乏,因为我知道神是我的牧者。(诗 23:1)

不再与人相争
- 我是基督的仆人。(太 23:11)
- 我要以谦卑的态度看待别人比自己强。(腓 2:3)
- 我要为他人谋求益处。(腓 2:4)
- 我要为众人服务。(太 23:11)
- 我要善待众人。(加 6:10)
- 我要鼓励他人,我要爱我在基督里的弟兄姐妹。(帖前 5:14)

不再批评别人

- 我要用造就人的方式说话。(伯 16:4–5)
- 我要用爱来遮掩所有的冒犯过失。(箴 17:9)
- 我不论断他人，也不定别人的罪，我要宽恕。(太 7:1–2;路 6:37)
- 我要担当弱者的软弱而不求自己的喜悦。(罗 15:1)
- 我要分担他人的重担而不将自己与他们作比较。(加 6:1)
- 我要有爱心，摒弃可能对别人抱有的所有不满。(西 3:13–14)
- 我要仁慈，言语行为中不带审判。(雅 2:12–13)
- 我不说邻舍的坏话，既不诽谤他们也不论断他们。(雅 4:11–12)

不再惧怕:

- 炎热来到，我并不惧怕；我信靠耶和华。(耶 17:7–8)
- 我有安稳，因为我依靠耶和华，我不惧怕人。(箴 29:25)
- 上帝赐给我的不是胆怯，乃是刚强、仁爱、谨守的心。(提后 1:7)
- 我不惧怕审判，因为完全的爱可以除去惧怕。(约壹 4:18)
- 我的心中没有惧怕，因为上帝保护我免受危险。(诗 27:1–3)
- 我躺卧并无惧怕，因为我必睡得香甜。(箴 3:24)
- 我不怕听到坏信息；我坚定地信靠耶和华。(诗 112:7)
- 我不会害怕，因为上帝与我同在。(诗 23:4)
- 除了上帝，我无所畏惧。祂保护我的安全。(赛 8:13)
- 我不再是惧怕死亡的奴仆，因为祂将拯救我。(来 2:14–15)

不再绝望：

- 我的盼望在于上帝的话语，因为祂是我的避难所，是我的盾牌。(诗 119:114)
- 我将盼望寄托于上帝永久的爱，我知道祂的眼目看顾我。(诗 33:18)
- 我相信祂喜悦我，因为我将盼望寄托于祂永久的爱。(诗 147:11)
- 我知道因为我的盼望在于上帝，所以祂将使我重新得力；我将如鹰展翅上腾；我将奔跑而不困倦；行走而不疲乏。(赛 40:31)
- 我的盼望在于上帝，祂不会让我失望羞愧。(赛 49:23)
- 我不会失望，因为上帝将祂的爱浇灌在我心里。(罗 5:5)
- 我知道上帝给我盼望并将赐我完全的平安与喜乐。(罗 15:13)
- 我既有这样的盼望就刚强壮胆。(林后 3:12)
- 凭借圣灵的能力，我将大有盼望。(罗 15:13)

不再自卑:

- 我不再羡慕别人所拥有的。(出 20:17)
- 我被上帝拣选去行祂准备要我去行的善事。(弗 2:10)
- 我刚强无惧，因为我的上帝必来。(赛 35:4)
- 我是世上的盐，是世界的光。(太 5:13–14)
- 我得着能力为基督做见证。(徒 1:8)
- 我是上帝手中的工作。(弗 2:10)
- 我被神大大地喜悦，祂与我同在。(路 1:28)
- 我是大能的勇士，上帝与我同在。(士 6:12)
- 我确信上帝对我无条件的爱。(约壹 3:1)
- 上帝赐给我的不是胆怯，乃是刚强、仁爱、谨守的心。(提后 1:7)

不再不安：

- 我是安全的，因为没有任何事可以将我与基督的爱隔绝。(罗 8:38)
- 我在基督里是完全的。(西 2:10)
- 我被上帝拣选、膏抹，要结果子。(约 15:16)
- 我可以自由而坦然地去接近上帝。(弗 3:12)
- 上帝的国度在我的里面。(路 17:20–21)
- 当我寻求上帝，祂便指引我。(箴 3:5–6)
- 我的受造奇妙可畏。(诗 139:10)
- 我已经脱离一切的咒诅。(罗 8:1–2)
- 我是上帝的作品，我受造是为行善。(弗 2:10)
- 我不会与上帝的爱隔绝。(罗 8:35–39)

不再嫉妒与羡慕：

- 我在基督里是完全的。(西 2:10)
- 我确信万事互相效力。(罗 8:28)
- 我被上帝拣选、膏抹，要结果子。(约 15:16)
- 我是上帝的殿。(林前 3:16)
- 我是上帝的作品，我受造是为行善。(弗 2:10)
- 主是我的牧者；我必不致缺乏。祂用油膏了我的头，我的福杯满溢。恩典和慈爱将一生一世跟随我。(诗 23:1,5–6)
- 我很满足——我被充满——我满有喜乐，我很自由。

不再消极：

- 我跟从耶和华我的上帝，我敬畏祂，谨守祂的诫命，听从祂的声音。我要事奉祂，我要持守祂。(申 13:4)
- 我要殷勤尽力并且不懒惰。(箴 10:4)
- 我努力工作，通过对于他人的关爱和关心来表明我对上帝的爱。(来 6:10–11)
- 我被上帝拣选、膏抹，要结果子。(约 15:16)
- 我与上帝同工。(林后 6:1)
- 祂赐给我力量；靠着祂，我凡事都能做。(腓 4:13)
- 上帝赐给我的不是胆怯，乃是刚强、仁爱、谨守的心。(提后 1:7)
- 我不懒惰，我要效法那些借着信心和忍耐承受了应许的人。(来 6:11–12)

不再骄傲、不再傲慢：

- 我憎恶骄傲与狂妄，我憎恨恶行以及乖谬的口。(箴 8:13)
- 我有智慧，要听取别人的劝言，因为骄傲只会带来争吵。(箴 13:10)
- 我选择谦卑自己，让上帝做高举的工作。(路 4:11)
- 我是众人的仆人。(路 14:43)
- 我不夸耀自己，我的夸赞来自于上帝。(林后 10:17–18)
- 我爱别人。我不自夸，我不骄傲，我也不求自己的益处。(林前 13:4–5)
- 我谦卑自己在上帝大能的手下，祂必抬举我。(彼前 5:6)
- 我不自私，看别人比自己强。(腓 2:3)
- 我活着却不贪图虚浮的荣耀。(腓 2:3)
- 我不会只求自己的益处，也要寻求别人的益处。(腓 2:4)
- 我要穿戴怜悯、恩慈、谦虚、温柔以及忍耐。(西 3:12)
- 我是温柔的，真诚地向众人谦卑。(多 3:2)

不再悖逆：
- 我顺服上帝的真理，因此我蒙祂所爱。(约 14:21)
- 凡事我都要会寻求天父的旨意。(约 5:30)
- 任何事我都要寻求祂的意愿而不是我自己的意愿。(太 26:39)
- 我要顺服上帝所立在位的、掌权的。(罗 13:1–2)
- 我明白所有权柄都是上帝设立的。(来 13:7)
- 我以尊重和顺服他人的方式生活。(彼前 2:13–14)
- 我尊敬众人，设法支持和保护他们的声望。(彼前 2:17)

不再拒绝：
- 我确信上帝无条件地爱我。(约壹 3:1)
- 我饶恕并祝福所有曾经伤害过我、拒绝过我的人。(太 6:12;弗 3:31–32)
- 哪怕我惧怕人们会拒绝我，我也要去爱、要有信心。(约壹 4:18)
- 我是安全的，因为没有任何事能将我与基督的爱隔绝。(罗 8:38)
- 我因上帝的救恩喜乐，祂以厚恩待我。

    (诗 13:1,5–6)
- 我不会被上帝撇弃，祂是我生命的保障。

    (诗 27:1,10)
- 我已经被上帝拣选并没有被拒绝。(赛 41:9)
- 我不惧怕，因为祂与我同在，
  要坚固我、帮助我、扶持我。(赛 41:10)
- 我知道上帝因我而喜乐，因我而欢欣。

    (番 3:17)

不再羞愧：
- 我将永远不至羞愧，因为我信靠祂。

    (罗 9:33)
- 我将永远不至羞愧，因为我的盼望在于祂。

    (诗 25:3)
- 我要谦卑自己，祷告祈求，祂将赦免我的罪并将医治我。(代下 7:14)
- 我仰望祂，被祂照亮；我的脸必不至蒙羞。(诗 34:5)
- 我有一颗新造的心，新的灵已被放在我里面。(结 36:26)
- 我在基督耶稣里；因而没有定罪！(罗 8:1)
- 我将永远不再羞愧，因为上帝已经为我行了奇妙的事。(珥 2:26)
- 我是上帝手中的工作，在基督耶稣里被造为要行善。(弗 2:10)
- 我被救赎，所有的罪被赦免了！(西 1:14)

不再怀疑：
- 我相信祂存在，我相信祂会赏赐寻求祂的人。(来 11:6)
- 我确信我所盼望的，我确定我尚未见到的。(来 11:1)
- 我凭着信心求，毫不疑惑。因为疑惑的人将被风吹散。(雅 1:6)
- 我拿起信心的盾牌抵挡那恶者的箭。(弗 6:13,16)
- 我凭信心而活，不凭眼见而活。(林后 5:7)
- 我的信心不在于人的智慧而在于上帝的能力。(林前 2:4–5)
- 我相信耶稣，我不仅要做祂的事，还要做的更大。(约 14:12)
- 当人子再来时，祂将在信实的人中间找到我。(路 18:8)
- 无论我祷告祈求什么，我都必会得到，因为我相信。(太 21:22)

不再记恨：

- 我饶恕别人，正如上帝在基督里饶恕了我。(弗 4:32)
- 祂赦免我所有过犯，医治我一切疾病。(诗 103:3)
- 祂赦免我的罪，因为我饶恕了那些得罪我的人。(太 6:12)
- 我饶恕那些得罪我的人。(太 18:22)
- 如果我还记恨某人，我要饶恕他。

  (可 11:25–26)

- 我要说："天父，赦免他们，因为他们所做的，他们不知道。"(路 23:34)
- 我为别人的过错留有余地并且饶恕那些得罪我的人。(西 3:13)
- 我要怜悯别人，这样上帝的怜悯将胜过祂对我的审判。(雅 2:13)
- 我认自己的罪，祂是信实的、是公义的，祂赦免我的罪并且洁净我。(约壹 1:9)

不再自怨自艾

- 我是安全的，因为没有任何事可以将我与基督的爱隔绝。(罗 8:38)
- 我相信祂以我为喜乐，因为我的盼望在于祂永恒的爱。(诗 147:11)
- 我知道上帝因我喜乐，因我欢欣。(番 3:17)
- 我饶恕别人，正如上帝在基督里饶恕了我。(弗 4:32)
- 我跟随上帝、我的主，敬畏祂、顺从祂、持守祂的诫命。(撒上 12:14)
- 即使我害怕有人会拒绝我，我也要有爱心、有信心。(约壹 4:18)
- 我的盼望在于上帝永恒的爱，我知道祂的眼目注视着我。(诗 33:18)
- 我不自私，我看别人比自己强。(腓 2:3)
- 我不求自己的益处，而要求别人的益处。(腓 2:4)
- 上帝深深地喜爱我，祂与我同在。(路 1:28)